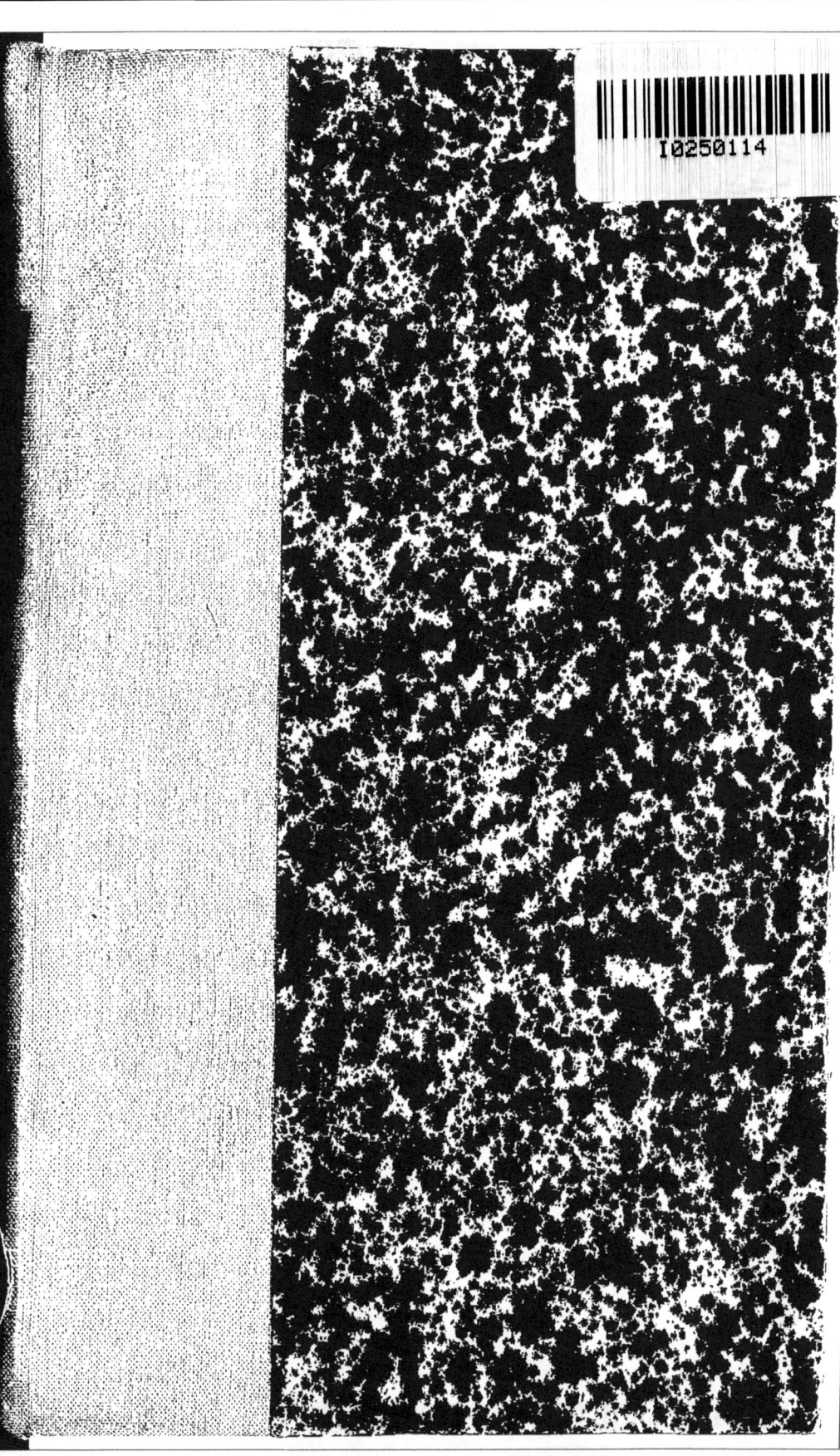

LE PÈRE
PIERRE CHAUMONOT
DE LA COMPAGNIE DE JÉSUS

AUTOBIOGRAPHIE ET PIÈCES INÉDITES

PUBLIÉES

PAR LE P. AUGUSTE CARAYON

DE LA MÊME COMPAGNIE.

POITIERS
HENRI OUDIN, LIBRAIRE,
4, RUE DE L'ÉPERON, 4.
1869

LE PÈRE

PIERRE CHAUMONOT

DE LA COMPAGNIE DE JÉSUS.

LE PÈRE
PIERRE CHAUMONOT

DE LA COMPAGNIE DE JÉSUS

AUTOBIOGRAPHIE ET PIÈCES INÉDITES

PUBLIÉES

PAR LE P. AUGUSTE CARAYON

DE LA MÊME COMPAGNIE.

POITIERS
HENRI OUDIN, LIBRAIRE,
4, RUE DE L'ÉPERON, 4.
1869

Nous avons publié en 1864 et 1865 quelques *Documents inédits* sur les Missions du Canada, et nous signalions alors à nos lecteurs la façon vraiment étourdissante dont M. Michelet narrait dans la *Revue des Deux-Mondes* ce qu'il appelait, sans rire aucunement, les Missions du Canada. Il serait superflu de répéter ici ce que nous disions alors à l'incomparable auteur de *La Sorcière*, sur ses inventions historico-drôlatiques; mais nous tenons à signaler une mauvaise plaisanterie de Voltaire, remise à neuf avec de nouveaux agréments par M. Michelet.

Voltaire, comme on le sait, se servait spécialement de l'histoire pour mentir à son aise et tromper, en les amusant, des lecteurs qui ne demandaient pas autre chose. Le grand Arouet avait vu les Jésuites d'assez près pour les estimer ; et quelquefois, sans doute par distraction, il avoue le bien qu'il en pensait. Mais le plus souvent, et surtout la plume à la main, il traitait ses anciens maîtres comme la vérité, c'est-à-dire en travestissant tout au gré de sa passion. Une de ses plaisanteries sur les Jésuites, et précisément celle dont M. Michelet va s'emparer à propos du Canada, consistait dans cette affirmation : Que les Jésuites, habiles gens de leur métier, savaient parfaitement trier leurs sujets ; ceux qui avaient belle mine et bel esprit étaient réservés à la cour, destinés aux grandes chaires, à l'enseignement supérieur. Ceux, au contraire, que la nature avait maltraités, ne leur donnant qu'une mine chétive et de la piété, étaient envoyés dans les missions pour s'y faire griller, rôtir, martyriser, au profit et à la plus grande gloire de l'Ordre.

M. Michelet ayant ramassé cette malsaine plaisanterie y ajoute quelques épices de son laboratoire, voire même un peu de poison, et précisément à propos du Canada. « Ce très-agréable séjour, dit-il à ses lecteurs, était commode à l'Ordre qui y envoyait d'Europe ce qui l'embarrassait; parfois de saints idiots, parfois des membres compromis qui avaient fait quelque glissade, etc... » Tel fut, au dire de M. Michelet, la mission du Canada, où les Jésuites envoyaient se faire griller et rôtir par les Iroquois « *les saints idiots* » dont ils n'auraient su que faire à la cour.

De telles inepties ne se discutent point. On le sait, devant l'insensé qui niait le mouvement, le philosophe se contenta de marcher. Devant Voltaire et sa queue, dont M. Michelet est une des plus belles plumes, nous nous contenterons de placer les *Relations du Canada*. Ce monument admirable, dont la construction demanda près d'un siècle à tant de « *saints idiots* », est la plus honnête et la plus complète réfutation des calomniateurs de la Compagnie. Tous les pamphlets, tous les ricanements de Voltaire et des Michelets viendront échouer devant la probité de ce monument. Et de nos jours nous avons vu le gouvernement canadien rééditer ces *Relations* de nos anciens missionnaires, comme une base incontestable et glorieuse de son histoire nationale.

Notre but aujourd'hui n'est pas de montrer par voie de réfutation directe l'odieuse ineptie de certaines plumes vendues à la libre-pensée. Nous préférons montrer à nos lecteurs deux de ces « *saints idiots* » que les Jésuites envoyaient aux sauvages de la Nouvelle-France. Nous laisserons la parole à ces *idiots*, et nous sommes bien assuré que leurs dépositions, écrites il y a plus d'un siècle, ont ruiné d'avance les prétendues histoires de nos libres-penseurs.

Avant de donner à nos lecteurs l'autobiographie du P. Chaumonot, nous transcrirons ici les « *sentiments* » d'un autre *idiot*, le Père Claude Alloüez. Cet écrit du P. Alloüez était accompagné de la note suivante, adressée au R. P. Provincial par le Supérieur des missions du Canada :

« Québec, ce 29 d'aoust 1690.

« Mon Révérend Père,

« Nos Pères qui sont chez les Outaoüacs ont, après la mort du P. Claude Alloüez, trouvé plusieurs écrits de ce cher deffunct, lesquels sont pleins de l'esprit apostolique dont il estoit animé. Mais comme ils ne nous en ont encore envoyé qu'une petite partie, où ce grand missionnaire exprime ses sentimens sur sa vocation au Canada, sur les Missions que nous y avons, et sur les Missionnaires qu'il y faut, je ne puis faire part à V. R. que du peu que j'ay receu. Si elle agrée le présent que je luy en fais dans cette fidelle copie, je prendray la liberté de luy en faire un nouveau l'année prochaine qu'on me doit envoyer ce qui reste des papiers d'un si saint homme. En attendant je prie V. R. etc. »

Sentiments du P. Claude Allouez sur sa vocation aux Missions.

Je receus le 3ᵉ de Mars de cette année 1657 la permission d'aller en Canada. Je baisay aussitost la lettre du R. P. Provincial, et je me dis souvent à moy-même : C'est le Seigneur qui me fait une si grande grace : j'en suis dans l'étonnement et l'admiration. Après un si bon gage de sa bonté et de son amour envers moy, j'ay tout sujet de me flatter, que je ne mourray pas; mais que je vivray pour annoncer les merveilles de ses œuvres. C'est icy un coup de sa droitte qui m'a exalté par la plus sublime de toutes les vocations. Seigneur ! je suis à vous, secondez-moy dans cette divine entreprise, afin que je me sauve, et me sanctifie moy-même en travaillant au salut, et à la sanctification du prochain. Mon ame vous loüe, vous bénit, vous remercie et vous ayme préférablement à tout ce qui n'est point vous.

J'ay demandé et je chéris cette vocation : 1° Parce que c'est la plus grande gloire de Dieu que je me rende le plus semblable que je pourray à Jésus-Christ, son fils, qui pouvant sauver les hommes sans souffrir, a, pour opérer leur salut, préféré la croix à la joie : *Proposito sibi gaudio sustinuit crucem.*

2° Je ne dois pas regretter les douceurs que je quitte en sortant de France, et que j'aurois trouvées en mille et mille choses licites et honnestes, comme entre autres dans la conversation avec tant de personnes d'esprit, dans l'étude et la profession des plus belles sciences, et dans l'usage des talens que j'ay receus du Ciel. Non, non, je ne dois pas regretter rien de tout ce qu'il faut nécessairement quitter à la mort. Je veux prévenir ce temps de la séparation de mon ame d'avec mon corps, afin de laisser à présent sans contrainte et avec mérite ce qu'il me faudra laisser alors par force et sans liberté. D'ailleurs, tous les biens que je puis avoir ne m'ont esté donnés de Dieu que pour en user selon son bon plaisir. Or il veut que ce soit en Canada que je m'en serve pour éclairer les nations auxquelles il m'envoye. *Ad illuminationem gentium misit me.* Je connois ses desseins sur moy par les fréquentes inspirations que j'ay là-dessus depuis si long-temps.

3° Je trouveray dans la Nouvelle-France la volonté de Dieu, la gloire de Nostre-Seigneur, ma propre perfection et le salut des ames avec beaucoup de souffrances. Si je suis assez malheureux que de n'y pas aller, c'est que mes péchez et nommément mes péchez d'orgueil me rendent indigne d'une si sainte Mission.

On m'allègue que je puis autant servir Dieu dans l'ancience France que dans la nouvelle; que j'ay receu du Ciel assez de talens pour les employs de nostre Institut, lesquels on exerce en Europe, et qu'en m'appliquant à la prédication, je pourray sans beaucoup de peine m'entretenir dans une dévotion solide. J'avoüe encore aux personnes qui me parlent ainsi, j'avoüe que je découvre dans les missions du Canada des difficultez terribles à la nature. Mais dans tous ces prétextes et dans toutes ces oppositions, il n'y a rien qui ne me soit suspect d'amour-propre. Et quand quelque pensée semblable se présente à mon esprit, je me dis : tu ne sçais ce que tu crains! tu auras ton contentement dans la Nouvelle-France.

S'il arrivait donc que le R. Père Provincial voulent révoquer sa permission, je me jetterois à genoux à ses pieds pour le conjurer qu'il me la continuast.

Qui que ce soit qui prétende me détourner

de ma chère Mission, je lui répliqueray avec ces parolles de mon divin Maistre : Retire-toy de moy, Satan ! Tu ne goutes pas les choses de Dieu, mais tu parles en homme. Pour moy, je ne puis plus vivre d'une vie tiède et imparfaite, après que Nostre-Seigneur, qui m'a fait jusques icy tant de graces, semble y avoir mis le comble par la grâce de ma vocation au Canada. On attend de moy plus de ferveur et de fidélité que je n'en ay eu jusqu'à présent et l'on seroit scandalisé de moy si dans cette occasion, je montrois ou de la lascheté ou de l'inconstance.

Sentimens du P. Claude Allöuez sur les Missions du Canada.

La Nouvelle-France est une école où l'on apprend en perfection à ne chercher que Dieu, à ne désirer que Dieu ; à n'avoir son intention qu'à Dieu, à ne s'attendre et à ne s'appuyer que sur la toute paternelle providence de Dieu. Vivre dans les missions du Canada, c'est à vray dire vivre dans le sein de la divinité et ne respirer que l'air de sa divine conduite. On ne sçauroit croire combien cet air est doux, si ce n'est lorsqu'on le respire. Il n'est pas à propos que tout le monde sçache quelle est sa douceur, et quel bien c'est d'y travailer au salut des âmes. O qu'il fait bon dans les sacrées horreurs de ces forests! (*Pini loquentes.*) O qu'on trouve de lumières dans les épaisses ténèbres de cette barbarie! Nous aurions trop de monde qui y voudroit venir si le bonheur que nous avons d'y estre estoit plus connu. Ah! c'est là ce qui nous confond, que Dieu nous ayt chosis pour nous rendre participans d'une grâce si signalée quoy qu'il y ait en France tant de nos Pères qui feroient mieux icy que nous. En vérité la Nouvelle-France est un pays de douceurs; et elle le seroit même quand il n'y en auroit point d'autre que la joie qu'on sent d'avoir baptisé un sauvage, lequel mourant peu après son baptême s'en va droit au ciel. Cette joye surpasse tout ce qu'on peut s'imaginer de joyes en ce monde. On ne se souvient plus des travaux passez, et l'on voudroit souffrir dix mille fois plus s'il estoit nécessaire pour obtenir encore le salut de quelque âme. Qui a une fois goutté la douceur de Jésus-Christ la préfère même aux empires de la terre. La Nouvelle-France ne laisse pas d'estre aussi un lieu de souffrance. On y est quelquefois éprouvé par tant de peines, épuisé par de si rudes travaux, environné de si grands dangers et tellement abandonné des créatures que l'on ne trouve que Dieu seul ; mais on le trouve toujours et on le trouve au bout de l'échelle tel qu'il se montre à Jacob, les bras étandus et le cœur ouvert pour recevoir les ames généreuses qui comme autant d'anges visibles volent droit à luy. C'est chose admirable comment Dieu prend plaisir de se communiquer abondamment aux personnes qui, ayant abandonné tout pour son amour, sont entièrement abandonnéz à luy. Perdre tout pour trouver Dieu, c'est une heureuse perte et une sainte usure. On ne le croiroit jamais, si on ne l'avoit jamais éprouvé, combien abondantes sont les graces, combien puissantes sont les asseurances que le Seigneur donne à ses serviteurs, au milieu même des épreuves les plus épouvantables. Le cœur croist à proportion que croissent les travaux pour Jésus-Christ. La Nouvelle-France est le pays du monde le plus propre à concevoir le sens littéral de ces parolles du Sauveur : « Voilà que je vous envoye comme mon Père m'a envoyé ; en vous envoyant comme des brebis au milieu des loups. » En effet, il nous envoye dans des vastes forests, parmy des sauvages si cruels qu'ils s'entre-mangent les uns les autres. Qu'en devons-nous donc attendre sinon des coups de dents, ou des effets encore plus horribles de leur barbarie ? Mais ne craignez point ceux qui ne peuvent tuer que le corps ! Troys pensées consolent un bon cœur au milieu des dangers, des travaux et des peines où il se trouve dans nos missions du Canada. La première est celle-cy: je suis où Dieu me veut, où il m'a envoyé, où il m'a conduit comme par la main, où il est avec moy et où je ne cherche que luy. La seconde est que plus j'auroy à souffrir, plus j'auroy aussi de consolation. *Secundum multitudinem dolorum meorum consolationes tuæ lætificaverunt animam meam.* La troisième est qu'on ne trouve jamais de croix, de clous et d'épines qu'on ne trouve Jésus au milieu. Quand je me vois comme assiégé des flots dans une tempeste, ou exposé à d'autres dangers, je me souviens de celuy qui disoit en de semblables rencontres : c'est à présent que je commence à estre disciple de Jésus-Christ. L'ancienne France est bonne pour concevoir des fervents désirs, et la nouvelle pour les exécuter. Un missionnaire

du Canada prend cette devise de saint Paul :
« *Je meurs tous les jours.* » Mais aussi les
graces que Dieu verse dans nos cœurs surpassent tous nos maux. Quel bonheur pour nous
de ne voir icy que des croix, des sauvages et
Jésus-Christ! Je n'avois jamais compris en
Europe ce que c'est que de se deffier de soy-
même et de se confier totalement en Dieu
seul. Je dis seul et sans mélange d'aucune
pure créature. La pensée de saint François-
Xavier est très-puissante sur mon esprit. «Si les
hommes du siècle s'exposent à tant de périls,
et entreprennent de si grands travaux pour
gagner des biens périssables, quelle confusion
seroit-ce à des serviteurs de Dieu d'appréhen-
der les peines et les dangers pour gagner des
ames rachetées du précieux sang de Jésus-
Christ!»

Sentimens du Père Claude Alloüez sur les Missionnaires qu'il faut en Canada.

Les religieux de la Compagnie de Jésus qui passent de l'ancienne France en la nouvelle doivent y estre appelez par une spéciale et forte vocation. Il faut qu'ils soient des gens morts au monde et à eux-même, des hommes apostoliques et des saints qui ne cherchent que Dieu et le salut des âmes. Il faut qu'ils ayment d'amour la croix et la mortification ; qu'ils ne s'épargnent point, qu'ils sçachent supporter les travaux de la mer et de la terre, et qu'ils désirent plus la conversion d'un sauvage qu'un empire. Il faut qu'ils soient dans les forests du Canada comme autant de précurseurs de Jésus-Christ et que, comme de petitz Jean-Baptiste, ils soient autant de voix de Dieu lesquelles crient dans les déserts pour appeler les sauvages à la connoissance du Sauveur. Enfin il faut qu'ils ayent mis tout leur appuy, tout leur contentement et tout leur trésor en Dieu seul à qui seul il appartient de choisir ceux qu'il veut pour le Canada. *Novit Dominus qui sunt ejus.* Il leur fait cette miséricorde pour en faire des saints. S'ils sont fidelles à leur vocation, ils éprouveront que si, comme saint Xavier l'asseure, il y a une île en Orient où, à force de pleurer de joye, on est pour perdre les yeux ; de même en s'abandonnant à Dieu tout de bon en Canada, on y perdra avec joye la veüe, la santé et la vie à force d'y travailler et d'y souffrir pour la conversion des sauvages à la gloire de Jésus-Christ.

Pour convertir les sauvages, il ne faut pas tant de science que de sainteté. Un zèle trop ardent y gaste tout. Leur naturel, froid et indifférent, ne veut pas estre si vivement pressé.

S'il m'est permis de m'expliquer ainsi, les quatre élémens d'un homme apostolique en la Nouvelle-France sont la condescendance et l'affabilité, l'humilité et l'abnégation de soy-même, la force et la patience avec une charité et une magnanimité héroïques.

Pour convertir nos barbares ou nos sauvages du Canada, il n'est point besoin d'autre miracle que de leur faire du bien, de souffrir beaucoup, de ne se plaindre de ses peines qu'à Dieu et de se tenir pour un serviteur inutile.

On dit que les premiers qui fondent des Églises sont ordinairement des saints. Cette pensée m'attendrit tellement le cœur que, quoyque je ne sois bon à rien, je désire me consumer et me consumer de plus en plus pour le salut des âmes. *Cupio impendi et superimpendi pro animabus.*

« Voilà, mon R. Père, comment le feu Père Claude Alloüez, de sainte mémoire, s'est, sans y penser, dépeinct luy-même par ses propres parolles qu'il n'avoit écrites qu pour sa consolation particulière et desquelles Dieu voudra peut-estre bien se servir pour luy donner de dignes imitateurs. Ainsi soit-il. »

Les « *sentiments* » du P. Claude Alloüez, l'autobiographie du P. Chaumonot qu'on va lire ; tant de lettres et de relations écrites par les missionnaires envoyés au Canada, montrent ce que valent les plaisanteries des Voltaire et des Michelet, sur les « *saints idiots* » de la Compagnie. Quand de tels religieux demandaient à déserter la cour, à laisser la direction des grands seigneurs et des grandes dames, pour aller évangéliser la Nouvelle-France, s'exposant à s'y faire hacher ou rôtir par les sauvages, ils donnaient un signe évident d'*idiotisme* aux Michelets de l'époque. Mais aussi comment faire comprendre à des libres-penseurs qu'un homme d'esprit puisse quitter librement la cour du roi de France et les chaires de la capitale pour aller enseigner le catéchisme à des Iroquois ! Cela passe absolument l'intelligence de ces libres-viveurs « *Quorum Deus venter est* ».

Et non-seulement cette folie de la croix étonne la brutalité de nos libres-penseurs et surpasse leur pauvre esprit ; mais elle est à peine comprise par des hommes distingués, dont le cœur est séduit par les apparentes grandeurs de ce monde : Dieu ne révèle ses plus admirables secrets qu'aux humbles de cœur : *Et revelasti ea parvulis.*

Un fait mille et mille fois démontré, c'est l'empressement des enfants de la Compagnie à demander les missions et spécialement ces rudes missions du Canada. Les obtenir était une faveur insigne. — On sait la réponse du Provincial de France au cardinal de Richelieu qui voulait à tout prix éloigner le P. Caussin, lequel avait commis l'impardonnable maladresse d'éclairer la conscience de Louis XIII, sur ses rigoureuses obligations de prince catholique. En conséquence, Richelieu demandait au Provincial d'envoyer le Père Caussin chez les sauvages de la Nouvelle-

France pour lui faire expier les courageux avertissements donnés au roi. — « Éminence, répondit le Provincial, envoyer les Nôtres au Canada n'est point une punition, mais bien au contraire la plus grande récompense que nous puissions leur accorder. »

Richelieu comprit, et se contenta de faire conduire sous bonne garde le courageux confesseur à Quimper-Corentin qui, même alors, ne méritait pas la triste réputation que lui a faite un vers de La Fontaine.

La relation ou mieux l'autobiographie écrite par le P. Pierre Chaumonot, sur l'ordre de son Supérieur, est précieusement conservée â l'Hôtel-Dieu de Québec. La copie que nous imprimons a été faite sur ce manuscrit, et soigneusement collationnée par le P. Félix Martin, ancien Supérieur de notre résidence de Québec et du collége de Montréal. Nous lui devons aussi les notes et les appendices de ce volume. La relation du P. Chaumonot n'est pas absolument inconnue en Amérique : un amateur très-distingué, M. G. Schea, en a fait tirer à New-York, il y a bientôt dix ans, une centaine d'exemplaires destinés aux amateurs de curiosités historiques. A peine quelques-uns de ces exemplaires ont pu traverser l'Océan. Celui qui nous est parvenu contient un assez grand nombre de fautes, de mots changés, défigurés, etc. Aussi reproduirons-nous la copie faite avec tant de soin sur celle de Québec.

Nous ne parlons point du mérite et du style de notre auteur : dès la première page nos lecteurs auront pu l'apprécier ; et pas un, sans doute, ne nous reprochera d'avoir respecté la naïveté des pensées et des expressions de ce vénérable missionnaire qui passa plus d'un demi-siècle au milieu des forêts et des sauvages du Canada.

AUTOBIOGRAPHIE

DU

P. PIERRE CHAUMONOT

DE LA COMPAGNIE DE JÉSUS.

Mon Révérend Père Supérieur,

Puisque votre Révérence m'a ordonné, à la plus grande gloire de Dieu, de vous écrire au moins en abrégé toute ma vie, je commence par déclarer la bassesse et les misères dont mon Seigneur a eu la bonté de me tirer pour me mettre dans la Sainte Compagnie de Jésus. Moins je meritois cette grace et plus il en merite de louanges et de reconnaissance.

J'ai eu pour père un pauvre vigneron et pour mère une pauvre fille d'un maître d'école. A l'âge de six ans ils me mirent chez mon grand père à cinq ou six lieux de notre village, afin que j'apprisse à lire et à écrire. Ils me reprirent ensuite avec eux, mais pour peu de temps, un de mes oncles qui étoit prêtre et qui demeuroit à Chastillon sur Seine, ayant eu la bonté de me prendre chez lui, pour me faire étudier au college de cette ville-là.

Après avoir deja fait quelques progrès dans le latin, mon oncle souhaita que j'apprisse le plain chant, sous un musicien qui étoit de ma classe. Celui-ci me persuada de quitter Chastillon, pour le suivre à Beaune, où nous étudierions sous les Pères de l'Oratoire. Comme je ne voulus pas entreprendre ce voyage sans argent je dérobai environ cent sols à mon oncle, pendant qu'il étoit à l'église : avec celà nous primes la fuite.

Nous marchames par des chemins écartés jusqu'à Dijon, d'où nous nous rendimes à Beaune. Nous nous y mimes en pension chez un bourgeois : mais comme ma finance estoit courte j'écrivis à ma mère qu'elle eust la bonté de me fournir d'argent et de hardes afin que je pusse faire mes études à Beaune, où j'espérois faire plus de progrès qu'à Chastillon. La lettre tomba entre les mais de mon père, qui me répondit qu'on ne m'enverroit rien : que j'eusse à revenir et qu'il feroit ma paix avec mon oncle.

Cette réponse m'affligea extremement : car de retourner chez mon oncle, c'étoit m'exposer à estre montré au doigt comme un larron, et de demeurer plus long temps à Beaune sans argent, il n'y avoit pas d'apparence. Je me determinai donc à cour rir en vagabond par le monde, plutôt que de m'exposer à la confusion que méritoit mafriponnerie. Je sors de Beaune dans la pensée d'aller à Rome, quoique je n'eusse ni sol ni maille. Je marche seul pendant un demi jour : ensuite deux jeunes Lorains me joignent, me saluent et me demandent où je vas. « A Rome », leur dis-je, « pour gagner les pardons ». Ils louent mon dessein, et ils m'entretiennent de ce qui les fait aller à Lyon.

Cependant je pense à ce que je deviendrai et de quoi je pourrai vivre, si je continue mon voyage. De demander l'aumone c'étoit m'abaisser à mon avis ; je ne pouvois m'y resoudre ; de travailler pour gagner ma vie, il y avoit encore moins d'apparence, je n'étois pas accoutumé au travail et je ne savois aucun mestier. Par bonheur pour moi, mes deux Lorains qui n'étoient guère mieux fournis d'argent, se mirent à demander l'aumone de porte en porte, au premier bourg où nous arrivames. Qui fut bien etonné de leur voir exercer ce metier ? Ce fut moi qui après avoir deliberé quelque temps, me résolus de les imiter plutot que de me laisser mourir de faim, tant leur example eut de force à me faciliter ce qui m'avoit paru impossible jusqu'alors. Voilà mon apprentissage de gueux : mais comme je ne faisois que de commencer à en faire le metier, je n'y gagnois que fort maigrement ma petite vie. Je me flattois cependant de l'espérance qu'arrivant dans dans une aussi grande ville que Lyon, j'y aurois quelque bonne fortune. Mais hélas ! je fus bien surpris de me voir arrester à la porte par des gardes qui en admettant mes compagnons à la faveur de leurs passeports, me rebutterent parceque je n'en avois point. Je ne savois que devenir, ni meme ou prendre le couvert. Je voyois bien de grands batimens dans le faubourg, mais je n'osé jamais y demander un petit coin pour y passer la nuit. Enfin ayant aperçu vis-à-vis d'un fourneau de verriers un méchant appenti, je m'y retirai. Plut à Dieu qu'alors j'eusse eu l'esprit de prendre ma peine pour l'expiation de mes péchés et d'unir ma pauvreté à celle du Sauveur couché dans une masure !

Le lendemain matin ayant vu sur le bord du Rhône un bateau où l'on embarquoit pour passer cette rivière je priai le batelier de me recevoir dans son bacq par charité. Il le fit étant gagé de la ville pour transporter au delà du Rhone tous les gueux auxquels on auroit refusé l'entrée de Lyon. Lorsque je fus à l'autre bord, je trouvai un jeune homme qui me promit de faire avec moi le voyage d'Italie.

Comme nous commencions à marcher de compagnie, nous rencontrames un prêtre, qui revenoit de Rome et qui fit ce qu'il put pour nous faire retourner sur nos pas, en quittant le dessein de notre pélerinage. Il nous allegua entre autres raisons que n'ayant point de passeports nous serions exclus de toutes les villes qui sont sur le chemin. Je lui demandai s'il en avoit un et il ne me l'eut pas plutot montré, que je lui priai de me permettre d'en faire une copie en mettant mon nom et celui de mon camarade au lieu du sien, ce qu'il m'accorda. Oh que n'offris-je dès lors au bon Dieu, la faim, la nudité, la lassitude, le chaud, le froid, et mille autres misères que je souffris dans ce voyage. J'aurois eu le bonheur d'attirer sur moi les benedictions du ciel. Notre commun Père ne me les auroit pas refusées, en voyant en moi quelques traits de la pauvreté et des souffrances de son Fils. Mais helas ! mon orgueil et mes autres péchés qui me rendoient beaucoup plus semblable au démon que je ne l'étois à Jesus-Christ par ma pauvreté, étoient en moi de grands obstacles à la grace. Cependant, mon Dieu, vous aviez vos vues en permettant que je fisse faute snr faute et folie sur folie. Vous pretendiez me voir libre de toute affection déreglée envers mes parents, laquelle si j'avois toujours demeuré auprés d'eux, m'auroit empeché de me consacrer à vous. Vous pretendiez que quand je serois plus grand, le souvenir de mes peines me fit compatir avec plus de tendresse et de reconnoissance aux peines de votre Fils.

Mais je serois trop long si je voulois raconter

toutes les fautes que je commis et toutes les disgraces que j'eus dans mon voyage. Je n'en toucherai que les principales aventures.

La premiere qui se présente à mon esprit, c'est qu'étant en Savoie j'entrai dans la cour de notre college de Chambéry, pour y demander l'aumone en latin : un de nos pères eut tant de compassion de me voir si misérable qu'il me fit donner bien à souper et qu'il me promit même de me remener à Lyon, où il devoit aller et de me faire conduire de Lyon à Chastillon. D'abord je le remerciai de mon mieux et je lui promis de le suivre : mais dès qu'il m'eut quitté, je m'enfuis, mon orguil me detournant toujours de retourner chez mes parents. N'étois-je pas hors de mon bon sens et ne méritais-je pas bien tous les maux qui m'arrivoient, de refuser des offres si advantageuses pour mon propre repos et pour la consolation de ma pauvre famille ? Combien est deplorable l'aveuglement d'un esprit orgueilleux ; d'aimer mieux s'exposer à une infinité de dangers et de misères, que de souffrir une salutaire reprimande !

Dans un village de la Savoie nous rencontrames un bon curé qui nous mena chez lui, où après nous avoir donné à souper, il nous fit coucher dans le lit de son valet qu'il avoit envoyé à Chambéry. Ce Monsieur avoit sa chambre sur celle où couchait son domestique et l'on y montoit par une échelle au haut de laquelle estoit une trappe que notre hoste ne ferma pas bien, de telle sorte que sur la minuit un chat la fit tomber en poursuivant sa proie : le bruit en fut assez grand pour éveiller M. le curé qui s'alla imaginer que nous montions à sa chambre pour quelque mauvais coup. Là dessus il se leve en chemise, il sort de sa chambre sur une galerie et crie de toute sa force « *au meurtre* ». De mon côté, je monte en haut de l'échelle et je le rassure en lui faisant connoitre la cause innocente de tout ce desordre. Par bonheur pour nous les voisins ne se reveillèrent pas à la voix de leur Pasteur.

Voici un autre aventure où nous courûmes encore plus de risques.

Dans un bourg de la Valteline nous trouvames une garnison françoise reduite à un fort petit nombre de soldats : aussi les officiers nous pressèrent de nous enroler : à quoi j'aurois consenti pour avoir tous les jours mon pain, dans la faim que je souffrois, mais mon compagnon qui étoit plus sage que moi, n'en voulut rien faire. Tout ce qu'on gagna donc sur nous fut de nous faire consentir à rester jusqu'à l'arrivée du commissaire qui étoit attendu de jour en jour. On nous donnoit espérance que nous recevrions de lui la même montre que les vrais soldats. Cependant on voulut voir quelle figure nous ferions à la revue. L'on n'eut pas de peine à travestir en soldat mon compagnon qui étoit grand : mais comme je ne paraissois qu'un enfant à cause de mon peu d'age et de la petitesse de mon corps on eut plus de difficulté à trouver une épée propre pour moi. Celle qu'on jugea la plus proportionnée à ma taille, avait pour fourreau une peau d'anguille ou de serpent : et faute de baudrier ou de ceinturon, on me l'attacha avec un licol d'âne. Je parus si ridicule en cet état qu'on resolut de me faire mettre au lit comme malade à l'arrivée du Commissaire. En attendant sa venue, nous vivions du pain du Roi et mon camarade trembloit continuellement de peur, ou qu'on ne nous reconnut pour passevolants ou qu'on ne nous enrolast malgré nous. Il me fit le danger si grand que je me rendis à ses instances. Resolus de poursuivre notre pélérinage de Rome, nous partons un beau matin, mais à peine eumes nous fait une demie lieue que nous fumes arretés par des soldats qui avoient ordre de prendre les deserteurs qu'ils trouveroient et de les mener à leurs officiers. « Hélas », leur dis-je en pleurant, « ai-je la mine d'un homme de guerre ? Je suis un pauvre écolier qui ai fait vœu d'aller à Rome. » Je parlai d'un accent si pathétique, qu'en etant touchés ils nous laissèrent passer. Si Dieu ne leur eut donné de la compassion pour nous, que serions nous devenus ? Il nous sauva d'un autre danger lorsque nous fumes entrés dans l'Italie.

Un peu avant la nuit nous arrivames à une hostellerie qui étoit sur le chemin et où nous pretendions coucher, mais nous comptions sans notre hoste. A peine eumes nous pris un méchant souper, qu'il nous le fit payer tout ce qu'il voulut, et quelques instances que nous lui pumes faire de nous vouloir loger au moins dans une de ses étables, il nous chassa barbarement. Encore si nous eussions pu coucher à la belle étoile, mais de la nuit il n'en parut aucune et le temps qui étoit couvert se deschargea bientot sur nous par une grande pluie. Nos habits en furent tout pénétrés et pour surcroit de mal le chemin estant plein de trous et de fosses que nous ne voyions point, nous faisions presque autant de chutes que de pas.

Nous n'en pouvions plus, lorsque nous aperçumes une métairie, à la faveur d'une lumière. Comme nous nous y trainions nous rencontrames tout proche un gros tas de paille. Nous grimpons dessus et nous faisons un trou au haut, pour nous y fourrer. Le froid nous ayant saisis, surtout aux pieds nous nous les mettons sous les aisselles l'un de l'autre en nous couchant de sorte que j'avois la tête à l'opposite de celle de mon compagnon. Nous commencions à nous réchauffer, lorsque voilà de grands chiens qui nous ayant sentis accoururent en aboyant avec furie. Au bruit, on sort de la ferme, et on tache de nous écarter à coups de pierres. Cette nouvelle grêle ne nous permettoit pas de demeurer dans notre gîte et la crainte d'estre dévorés des chiens nous empechoit d'en sortir. Je crus alors qu'il falloit parler et bien m'en prit de savoir faire le pleureux, ainsi que je l'avois dejà fait pour nous tirer d'affaire quand on nous arresta comme déserteurs. Je me mis donc à crier, en disant en latin que nous étions de pauvres pélérins : « *Nos sumus pauperes peregrini.* » Ce dernier mot qui est aussi Italien donna à connoitre à ces bonnes gens qui nous étions. Ils eurent pitié de nous, ils rappelèrent leurs chiens et nous laisserent passer en paix le reste de la nuit.

Après bien des peines et des fatigues nous nous rendimes à Ancone. Helas ! qui pourroit exprimer le pitoyable etat où mon libertinage m'avoit reduit. Depuis la tête jusqu'aux pieds tout faisoit horreur en moi. J'étois pieds nuds, ayant eté obligé de jetter mes souliers, qui etant rompus me blessoient. Ma chemise pourrie et mes habits déchirés etoient pleins de vermine, ma tête mesme que je ne peignois point se remplit d'une si horrible galle qu'il s'y forma du pus et des vers avec une extreme puanteur. La vermine qui étoit dans mes hardes ne me donnoit de trève que lorsque je rencontrais quelque hospital, parceque les pelerins y quittent leurs haillons avant de se mettre dans les lits qui leur sont preparés. O que ces nuits là m'etoient douces ! Il n'y a que les personnes qui n'ont expérimenté la cruelle persecution que font souffrir de tels hotes qui puissent s'imaginer la répugnance que j'avois le matin a rejoindre ma garnison, en reprenant mes hardes. Je m'attendois bien que durant le jour ces domestiques affamés se dedommageroient du jeune de la nuit. Ce ne fut qu'à Ancone que je connus l'exces du mal que j'avois à la tête. Y sentant une piqure plus douloureuse qu'à l'ordinaire j'y portai la main pour me gratter et un de mes doigts ayant fait un trou dans ma galle, il s'y attacha un gros ver. A la vue de cette insecte, ma consternation fut indicible. « Faut-il donc », me disois-je à moi-même, « qu'en punition de mes friponneries je sois mangé tout vif des poux et des vers ! Je ne m'étonne plus que quand j'ote mon chapeau devant le monde, on témoigne de l'étonnement et de l'horreur à la vue de ma tête. Hélas ! que deviendrai-je ? Qui me pourra souffrir aussi puant et aussi sale que je suis ? Ne ferai-je pas bondir le cœur à quiconque me regardera ? O la juste punition de mon orgueil ? »

Après tout je repris courage aux approches de la sainte maison de Lorette. « Peut-être que la Bienheureuse Vierge, qui fait tant de miracles dans ce sacré lieu en faveur des misérables y aura pitié de ma misère. » Oh que n'avois-je alors, les connoissances que j'ai eus depuis des merveilles qu'elle opère dans ce sanctuaire en faveur des ames et des corps ! J'aurois eu une toute autre confiance, que je n'avois en son pouvoir et en sa bonté ! Quoique je ne la priasse que fort froidement, elle me fit voir qu'indépendamment de nos mérites et de nos dispositions, elle se plait à exercer envers nous les devoirs d'une charitable mère et comme un de ses devoirs est de nettoyer leurs enfants, vous me regardates en cette qualité, O Sainte Vierge ! tout indigne que je fusse et que je sois encore d'être adopté de vous pour votre fils. Vous donnates à un jeune homme, que je n'ai jamais pu connoitre, la volonté et le pouvoir de guérir ma tête. Vous savez mieux que moi comment la chose se fit. Je ne laisse pas pour marque de reconnaissance d'en rapporter ce que j'en sais.

Au sortir de la sainte maison de Marie, une personne inconnue qui paraissoit un jeune homme et qui etoit peut-etre un ange, me dit, d'un air et d'un ton de compassion : « Mon cher enfant, que vous avez de mal à la tête ! Venez, suivez-moi, je tacherai d'y apporter quelque remède. » Je le suis, il me mène hors de l'église, derrière un gros pilier, par où il ne passoit personne. Rendus que nous sommes dans ce lieu écarté, il me fait asseoir et me dit d'oter mon chapeau. Je lui obéis, il me coupe tous les cheveux avec des ciseaux : il me frotte d'un linge blanc ma pauvre tête et sans que je sente aucune douleur, il en ote entièrement la galle, le pus et la vermine : après quoi il me remet mon chapeau. Je le remercie de sa charité, il me quitte et je suis encore à revoir un si bon médecin et à ressentir un si vilain mal.

Si la moindre dame m'avoit fait rendre ce service par le dernier de ses valets, n'aurois pas dû lui en rendre toutes les reconnoissances possibles? Et si après une telle charité elle s'étoit offerte à me servir toujours de mère, comment aurois-je dû l'honorer, lui obéir, l'aimer toute ma vie? Pardon, Reine des Anges et des hommes! pardon de ce qu'après avoir reçu de vous tant de marques, par lesquelles vous m'avez convaincu que vous m'avez adopté pour votre fils, j'ai eu l'ingratitude pendant des années entières de me comporter encore plutôt en esclave de Satan qu'en enfant d'une Mère Vierge. O que vous êtes bonne et charitable! puisque quelque obstacle que mes péchés ayent pu mettre à vos graces, vous n'avez jamais cessé de m'attirer au bien ; jusque là que vous m'avez fait admettre dans la Sainte Compagnie de Jésus, votre fils.

Mon camarade et moi reprimes le chemin de Rome, après avoir passé trois jours à Lorette ; mais Dieu m'arrêta à Terny dans l'Ombrie pour me faire changer ma vie de gueux en la condition d'un valet.

Selon ma coutume, je demandais l'aumone de porte en porte lorsqu'un vénérable vieillard, docteur en droit, m'invita à demeurer chez lui pour le servir dans sa maison et pour l'accompagner en ville. J'étois si las de mon métier de caimandeur que j'acceptois volontiers l'offre que me fit le bourgeois d'être son laquais. J'en remplis mesme tous les devoirs les plus bas, et il n'y avoit rien qui ne me parut doux et honorable en comparaison des travaux et des humiliations qui m'avoient dégouté de la gueuserie. Il y avoit déjà quelque temps que j'étois à Terny : cependant je ne savois pas encore assez d'Italien pour me confesser en cette langue ; c'est pourquoi je le fis en latin à un Père de la Compagnie de Jésus. Après ma confession, il m'interrogea sur mes études. Je lui répondis que j'étois en Rhétorique, lorsque je me laissé débaucher. Il me témoigna la compassion, qu'il avoit de me voir après de si bons commencements dans les lettres, réduit à une si pauvre condition. Il m'exhorta à reprendre mes études et pour m'en faciliter les moyens, il me proposa, si je voulois qu'il me fit recevoir dans le collége où je m'avancerois dans les sciences et dans la vertu. Je pris mal sa pensée, en m'imaginant qu'il me vouloit faire Jésuite; mais dans la suite j'ai eu tout sujet de croire que ce sage Religieux ne vouloit d'abord me procurer que la place d'un jeune homme séculier qui regentoit la plus basse classe du collége. Plut à Dieu que j'eusse dès lors commencé à le faire ! Oh que j'aurois évité de péchés. A la vérité j'allé deux jours après chercher le père pour lui rappeler, mais comme je ne sçavois pas son nom, je fus si bête que de demander le Jésuite qui m'avoit confessé. Les écoliers à qui je fis cette demande dans la cour des classes, se mirent à rire de mon impertinence et il n'en fallut pas davantage pour me faire retourner sur mes pas plus vite que je n'étois venu. Je ne laissai pas de demander à mon Docteur que je servois quelles gens étoient les Jésuites. Et il me répondit, tant bien que mal, qu'ils ne recevoient chez eux que des gens de qualité et d'esprit, que leur religion n'étoit pas si austère que les autres et qu'on pouvoit en sortir mesme après les vœux. Ces derniers traits avec lesquels il me les dépeignoient ne me déplaisoient pas. Volontiers je serois entré chez eux pour un temps. Ainsi je n'étois pas encore propre pour le royaume de Dieu, puisque je regardois déjà derrière moi avant que de mettre la main à la charrue.

Comme je commençois à entendre l'Italien, je lisois des livres de dévotion écrits en cette langue ; et un entr'autres qu'etoit la Vie des Saints Solitaires me fit naitre l'envie d'etre hermite. Là dessus sans consulter personne je sors de la maison de mon maitre à dessein de m'aller cacher en France dans quelque solitude après que j'aurois fait le voyage de Rome.

Au sortir de la ville je rencontré la fille de mon docteur, à laquelle je découvris mon dessein, afin qu'on ne fut pas en peine de moi. Après quelques lieues de chemin il me vint à la pensée de m'éprouver, si je pourrois vivre de légumes comme les anachorêtes. Je prends du blé en herbe, je le porte à ma bouche, je le mache, mais je ne puis l'avaler. Mon recours fut à mon métier de mendiant qui ne m'empêcha pas de beaucoup souffrir de la faim, même dans Rome, faute de sçavoir les maisons religieuses où l'on faisoit l'aumone à certains jours et à certaines heures. Le noviciat des Jésuites que l'on nomme St. André est un de ces charitables lieux et l'unique dont j'eus la connoissance. Au reste quoique ma prétendue vocation à la vie d'hermite fut fort ébranlée, je partis de Rome dans le dessin de repasser en France. Et comme je repris le mesme chemin que j'avais tenu, je me rendis à Terny, mais n'osant retourner chez mon maitre, je me retirai chez un savetier de ma connoissance, où je passai la nuit. Celui-ci le matin donna avis de mon retour au Docteur qui eut la bonté de m'inviter encore à son service. J'acceptai aussitot son offre, pour renoncer entièrement à la gueuserie dont j'avois plus d'horreur que jamais.

Mon bonhomme de maitre avoit un intime ami qu'on nommoit *Il Signore Capitone*. Celui-ci quelque temps après mon retour à Terny dit à celui-là qu'il souhoitoit bien de m'avoir chez lui en qualité de précepteur de ses deux fils, qui étudioient au Collége de la Compagnie de Jésus. Mon docteur en est content et après m'en avoir parlé, il m'envoie à son ami. J'en fus reçu à bras ouverts, et présenté dès le lendemain à nos pères, qui me mirent en Rhétorique. Je ne fus pas longtemps à étudier sous eux sans être épris du désir d'imiter les vertus que j'admirois dans ces dignes serviteurs de Dieu. Une chose m'empéchoit de m'en découvrir à mon confesseur; c'est que je ne pouvois me résoudre à faire connoitre la bassesse de mon extraction. Jusqu'alors je m'étois vanté que mon père étoit procureur du Roi et j'avois peine soit à m'en dédire, soit à continuer dans mon mensonge. Plusieurs mois se passèrent dans ce combat de la nature et de la grace, celle-ci me pressant de déclarer ma vocation et celle-là m'en empechant.

O malheureux que j'étois ! O combien de péchés aurois-je évité ! O combien aurois-je pratiqué de vertus pendant tout le temps que mon silence m'empecha de poursuivre mon entrée dans une si sainte compagnie ! Cependant Dieu qui me vouloit faire la grace d'y etre reçu m'en ménagea cette occasion.

Un jeune ecclésiastique gagé par nos Pères faisoit

une basse classe dont il se dégouta. Ayant demandé d'en être dechargé, on jeta les yeux sur moi et on me promit les mêmes gages qu'il avoit. Le monsieur chez qui je demeurois y ayant consenti, je devins Regent. Dieu me fit la grace de ménager l'argent que je gagnois et lorsque j'en eus une assez bonne somme, je la partageai entre les églises et les pauvres. Je tâchai même d'imiter du moins en quelque chose le grand St. Nicholas en jettant de nuit de l'argent dans une maison ou il y avoit une fille en nécessité. Notre Seigneur me récompensa bien de ces petites libéralités par la grande grace qu'il me fit de m'appeler fortement à la Religion. Un jour entre autres que dans l'église de la Compagnie de Jésus on faisoit la feste de St. François de Borgia, qui n'étoit encore que beatifié, je fus tellement touché du sermon qu'en fit un père Jésuite, que pour suivre, autant que je le pourrois l'exemple du Bienheureux, je fis vœu de quitter le monde et d'entrer en religion, soit chez les Jésuites s'ils vouloient me recevoir, soit, s'ils me jugeoient indigne de cette faveur, chez les Capucins, ou chez les Recollets. Ensuite je déclarai mon dessein à mon confesseur qui étoit de la Compagnie de Jésus. Il me dit de bien recommander à Dieu cette affaire ; qu'il le prieroit pour moi et qu'à l'arrivée du père Provincial, si je perseverois dans ma vocation, il me proposeroit entre ceux qui demandoient la même grace que moi. Comme il se passa beaucoup de temps jusqu'à la venue de ce père, le démon en prit occasion de me troubler par divers doutes. Tantôt il me suggéroit que je n'avois pas les qualités nécessaires à un Jésuite, et tantôt il m'alléguoit qu'ayant commis plusieurs péchés mesme d'impureté, je devois pour en faire pénitence choisir une religion plus austère que la Compagnie de Jésus. Dans ces peines je m'adressai d'abord à des Carmes déchaussés, ensuite à des Recollets, et enfin à des Capucins. Le gardien de ceux-ci me promit de me faire recevoir dans son ordre, après les festes de Pâques, que son provincial se rendroit à Terny. Cette parole ne me délivra pas de la crainte où j'étois de me tromper dans le choix dont il s'agissoit. Afin donc que Dieu me fit la grace d'embrasser l'institut auquel il m'avoit destiné, je lui présentai de longues et de fréquentes oraisons mentales et vocales; j'y ajoutai des disciplines, des aumosnes, des communions et des messes que j'entendois et que je faisois dire. J'ai cru depuis que le démon voulant me rendre incapable d'estre religieux, m'avoit porté à ce qu'il y a eu d'excès et d'indiscrétion dans ces exercises de piété. Mais, par la miséricorde de Dieu, il n'a pas réussi dans son dessein. Notre-Seigneur même ne me laissa pas longtems dans une si grande perplexité : car enfin ayant fait reflexion sur ce que le Capucin et le Jésuite m'avoient dit chacun séparément, que leur Père Provincial viendroit après Pâques, je me resolus d'entrer dans la religion de celui des deux provinciaux qui après son arrivée, auroit le premier la bonté de me recevoir.

Cet expedient me parut propre à me tirer de peine, dans la persuasion où j'étois que le ciel me voudroit dans l'Ordre qui m'admettroit le plutôt. Ainsi le Provincial de la Compagnie de Jésus etant venu avant l'autre, je lui fus présenté par les Pères du Collége de Terny : et sur les témoignages avantageux qu'ils eurent la bonté de rendre de moi, je fus reçu et envoyé avec de bonnes lettres au noviciat de St. André a Rome.

O quelle joie ! O quel bonheur pour moi de me voir entre cinquante novices tous jeunes hommes d'une naissance distinguée, d'un esprit et d'un naturel excellents, bien faits de corps et desquels je n'aurois été que le laquais ou le marmiton, si eux et moi étions demeurés dans le siècle ! Combien de fois me dis-je lors à moi-même : O que voila un état différent de tous les états ou j'ai été jusqu'ici ! En vérité « qui est semblable au Seigneur Notre Dieu, qui étant si grand et si relevé daigne porter sa vue sur ce qu'il y a de plus bas, de plus vil et de plus petit, soit au ciel ou en terre ? Il cherche le pauvre jusque dans la poussière et il relève le misérable du milieu du fumier et de l'ordure pour le placer avec les

princes et même avec les princes de son peuple. »
(Ps. 112.) Grand Dieu ! qui l'auroit jamais imaginé
qu'un pauvre malotru comme moi dût être admis
dans une aussi sainte, aussi illustre Compagnie qu'est
la Compagnie de Jésus, votre fils ! Pères du Collège
de Terny, de grace, à quoi pensez-vous d'unir un
membre si chétif et si difforme à un si noble et si beau
corps ! Aviez vous oublié qu'à vos yeux j'avois mendié
mon pain de porte en porte ? Aviez-vous oublié qu'à
vos yeux j'avois exercé toutes les fonctions de péda-
gogue, de valet et de laquais ? Assurément que Nostre-Seigneur vous ôta toutes ces vues afin de donner
en moi un exemple vivant et sensible de ses grandes
miséricordes.

J'avois vingt et un ans lorsque j'entrai au noviciat.
C'étoit le 18 de Mai en 1632. Au commencement de
mes premiers exercices spirituels je fus importuné
d'imaginations et de pensées contraires à la pureté.
Pour me délivrer de ces fantômes qui m'attaquoient
surtout la nuit et durant mon sommeil je mis une dis-
cipline sous le chevet de mon lit, avec une resolution
de m'en bien servir. Dieu, soit qu'il agréa ma volonté, soit qu'il vit ma foiblesse, me preserva de ces
tentations tout le temps de mon noviciat.

Au sortir de ma retraite je tombai malade d'une
grosse fièvre qui me dura jusqu'à la fête des apôtres
St. Pierre et St. Paul. Le médecin, qui observait

tous les symptomes de mon mal, ayant dit à mon infirmier que le lendemain matin l'accès me reprendroit à telle heure, je répondis que j'étois quitte de ma fievre et qu'elle ne reviendroit plus. Je m'assurois sur la parole que m'avoient donné quelques uns de nos frères novices. Comme à l'occasion de la fête ils devoient visiter l'église de St. Pierre, ils m'avoient promis de demander ma santé au grand apotre. Mon espérance ne fut pas vaine, le médecin revenu après l'heure marquée me trouva sans fièvre et je n'eus plus besoin de lui.

Cependant un Marquis nous fondoit à Florence une maison de noviciat, où je fus envoyé avec trois autres novices, six mois après mon entrée dans la Compagnie (novembre 1632). Je trouvai là un Recteur avec qui j'eus bien plus d'ouverture de cœur qu'avec mon recteur de Rome. Celui ci me paroissoit trop grave et trop sévère au lieu que celui-là avoit une affabilité et une douceur charmante : tant il est vrai que les saints n'ont pas tous un même caractère de grace et de vertu.

Une des premières choses que je demandai à ce second maitre de novices, fut qu'en punition de mon orgueil, il m'interrogeat en public de la qualité de mes parents, de ma venue en Italie et des emplois que j'avois exercés. Je prétendois par là expier en quelque manière mes fautes et nommément les mensonges que j'avois débité pour cacher la bassesse de mon extraction. Il m'accorda ma demande, et un jour que tout le noviciat étoit assemblé, il m'interrogea sur tous ces articles. Dieu me fit la grace de pratiquer l'humiliation qu'il m'avoit inspiré et je déclarai publiquement qui j'étois, comment et pourquoi j'avois quitté la France et quelles avoient été mes aventures en Italie. Ce saint homme ajouta à cet aveu que je m'étois proposé de faire un autre acte de mortification auquel je ne m'attendois pas. Il me dit de chanter une chanson de mon village et pour cela il me fit monter sur un coffre, comme sur un théatre. Je me mis aussitôt en devoir d'obéir, mais la musique ne fut pas longue : ma memoire ne me fournissant qu'un air de la guimbarde, je l'entonnai. Des le premier couplet, le père m'arresta, en s'écriant : « Fi ! la ridicule chanson ! si vous n'en savez pas de meilleure, n'en chantez jamais plus. » Ce bon père ne voulant pas me permettre de me confesser à lui généralement de toute ma vie, parce qu'à mon entrée au noviciat j'avois fait une confession générale, je le priai de me permettre que je lui donnasse mes péchés par écrit. Il reçut à la vérité le catalogue que j'en avois fait et que je lui donnai afin qu'en connaissant mes crimes il connut à quel vice j'étois plus enclin et de quelles pénitences et mortifications j'avois plus besoin, mais il ne voulut point lire mon papier.

Je ne sais si ces petites humiliations que Dieu m'inspira ne furent point la cause qu'il commença à me faire mieux gouter que jamais la douceur de ses consolations, non seulement dans l'oraison, mais même partout ailleurs jusque là qu'après m'être couché, je me sentois souvent caressé de Notre Seigneur, comme l'enfant l'est de sa mère, qui pour l'endormir plus doucement lui fait sucer le lait de son sein maternel.

Depuis ce temps-là jusqu'en 1688 que j'écris ceci, c'est-à-dire, depuis cinquante-cinq ans au moins, je n'ai expérimenté ni secheresse ni ennuis, ni dégout dans mes oraisons. La divine bonté en a agi toujours avec moi comme une pieuse et prudente dame, qui montre plus de tendresse au plus petit et au plus foible de ses enfants qu'aux plus grands et aux plus forts. Ce n'est pas qu'elle l'aime plus qu'eux, c'est qu'elle connoit que sans ce secour dont les autres se peuvent bien passer il ne feroit que languir, si tant est même qu'il ne mourut pas.

Après quelques mois de séjour à Florence je tombai malade. Voici comment, un jour d'hyver qui faisoit fort rude, ayant été demander l'aumosne par les rues, je fus saisi du froid, qui me causa une pleurésie avec une fièvre qui tourmentoit plus mon esprit que mon corps; parceque, dès que je fermois l'œil pour reposer, mon imagination me representa des lions, des tigres et d'autres monstres horribles qui se ruaient sur moi pour me dévorer, ce qui me causoit de mortelles frayeurs. Je n'avois qu'un remède pour m'en garantir; c'étoit de jeter les yeux sur la lumière de la lampe qui bruloit devant le St. Sacrement et que je voyois de mon infirmerie par une fenetre vitrée. Hélas ! quand il n'y auroit point en enfer d'autres tourmens que la vue de semblables spectres au milieu des ténèbres qu'aucun rayon de clarté ne dissipe, il n'y a rien qu'on ne dût et faire et souffrir pour éviter un si grand mal. L'obéissance que je rendis à mon s. Recteur me guérit sans saignée et sans médecine. Il m'ordonna d'enfoncer par plusieurs fois dans mon gosier une plume qu'il trempoit dans une huile puante et vilaine. A chaque fois que je la mettois à ma gorge, je l'en retirois pleine de flegmes qui s'y attachoient. Ensuite les douleurs de costé cessèrent, la fièvre me quitta, les fantômes disparurent et des le lendemain je me vis en parfaite santé.

Vers la fin de mes deux années de noviciat, on fut fort en peine si l'on me permettroit de faire les vœux, à cause d'une violente douleur de tête que j'endurois habituellement. Ce fut alors que mon maitre des novices me découvrit la crainte qu'il avoit lui-même que je ne fusse renvoyé de la Compagnie. La première pensée qui me vint après cet avis fut de conjurer les pères consulteurs dont mon sort dependoit après Dieu, de m'être favorable. Mais Notre-Seigneur m'inspira un bien meilleur expédient : ce fut de recourir au grand St. Joseph, époux vierge de la Vierge Mère, puisque personne ne pouvoit mieux que ce chef de la famille de Jésus me faire admettre pour toujours dans la Compagnie de Jésus. Je ne fus pas trompé dans mon attente : parce que nos Pères ne pouvant se résoudre ni à me recevoir, ni à me renvoyer appelèrent le médecin de la maison pour prendre son avis sur mon mal. Lui, commençant par faire le Directeur, m'interrogea en présence de la consulte où je fus appelé : « Comment se passoient mes méditations, et si je pouvois m'y appliquer, ayant un si grand mal de tête ? » Je lui repondis ingenument, qu'à la vérité, au commencement de mes oraisons, je sentois bien mon mal, qu'un peu après, aussitot que j'étois en train je ne sentois plus de douleur. « Il n'en fallut pas davantage pour faire prononcer à M. le medecin cette favorable sentence » « Mes pères, qui étant novice, fait bien une bonne contemplation, pourra bien étant régent, faire une bonne leçon. » Là-dessus, on me dit de me retirer dans ma chambre, où pendant que je recommendois encore mon affaire à mon puissant avocat St. Joseph, mon Recteur tout joyeux vint m'apporter la bonne nouvelle de ma reception, et avec bien des démonstrations d'amitié, il m'avertit de me préparer à faire en peu de jours les premiers vœux de notre Compagnie. (Mai 1634.)

Jamais y eut-il homme sur terre plus obligé que moi à la Sainte Famille de Jésus, de Marie et de Joseph ! Marie en me guérissant de ma vilaine galle ou teigne, me délivra d'une infinité de peines et d'incommodités corporelles, que cette hideuse maladie qui me rongeoit m'auroit causées. Joseph m'ayant obtenu la grace d'être incorporé à un corps aussi saint qu'est celui des Jésuites, m'a préservé d'une infinité de misères spirituelles, c'est-à-dire de tentations très dangereuses et de péchés très énormes. Jésus n'ayant pas permis que j'entrasse dans aucun autre ordre qu'en celui qu'il honore tout à la fois de son beau nom, de sa douce présence et de sa protection spéciale. O Jésus ! O Marie ! O Joseph ! qui méritoit moins que moi vos faveurs, et envers qui en avez vous été plus prodigue ?

Mon noviciat ainsi achevé je retournai à Rome, d'où je fus envoyé à Fermo ville qui n'est pas fort distante de Lorette; puisque on ne compte que trois lieues de l'une à l'autre : ce qui me fut occasion de faire un pélérinage en celle-ci. J'y fis rencontre d'un Père de France qui faisoit l'office de penitencier. Il me fit l'amitié de me donner avec permission des Supérieurs trois livres françois, à condition que j'en lirois tous les jours un chapitre pour m'apprendre ma langue maternelle que j'avois entièrement oubliée. Dieu bénit mon obéissance. Je m'appliquai à cette lecture, où d'abord je ne concevois quasi rien : mais avant que j'eusse lu la moitié d'un de ces livres, j'entendois tout ce que je lisois. Je demeurai deux ans et demi à Fermo, où mon occupation fut de régenter la quatrième.

La première année de ma régence Dieu m'inspira de demander à Notre R. Père Général Mutius Vitelleschi qu'il agréat que je ne fusse dans la Compagnie que Coadjuteur temporel ; mais il me répondit, qu'il ne jugeoit pas à propos que je changeasse de degré. La seconde année je fus nommé pour faire la seconde classe dans le même college, mais ayant su que le père Recteur souhaitoit fort qu'un autre la fit, j'écrivis au Père Provincial que j'étois content de continuer à faire la quatrième, et qu'il obligeroit mon Recteur de donner la seconde à un de nos jeunes religieux que je lui nommois. Cette déférence que je rendis à mon Supérieur immédiat et à son bon ami, fut cause que le Provincial, à sa visite fut sollicité par quelques Pères du collège de m'envoyer à Rome, pour y étudier en Théologie. En effet il m'y fit retourner à ce dessein, si les Pères examinateurs, après m'avoir interrogé jugeoient que j'en fusse capable, mais leur avis fut qu'auparavant je répétasse ma philosophie, ce que je fis.

Durant cette année de répétition (1638), le père Joseph Poncet (1) de la Province de France qui achevoit sa théologie à Rome me montra une relation du Canada composée par le saint et illustre missionnaire des Hurons le père Jean de Brebeuf (2). Cet homme apostolique demandoit de nos religieux pour travailler avec lui à la conversion des sauvages de la Nouvelle France. Dans la lecture de cette Relation je remarquai deux choses; l'une qu'en ce pays là, il n'y a ni pain, ni vin, ni aucune des nourritures ordinaires qui adoucissent la vie en Europe; qu'au contraire il y a beaucoup à souffrir; l'autre que pour instruire et pour convertir ces nations barbares, l'humilité, la patience, la charité et le zèle des âmes étoient plus nécessaires que beaucoup d'esprit et de science. Alors je me souvins que dès mon noviciat j'avois écrit au reverend père Vitelleschi, général de Notre Compagnie que s'il avoit besoin de quelqu'un pour les missions étrangères, je m'offrois à sa pater-

---

(1) Le P. Antoine Poncet avait ajouté à son nom de baptême celui de Joseph. Après dix-huit années passées en Canada, il revint en Europe (1657. Plus tard il partit pour les Antilles, et mourut dans la mission de la Martinique, en 1675.

(2) Le P. de Brebeuf était à cette époque supérieur de la mission des Hurons. Il était parti pour le Canada en 1625; mais après la prise de Québec par les Anglais, en 1629, il en fut chassé avec les autres missionnaires. Revenu dans la mission en 1633, il y travailla jusqu'en 1649, époque de sa mort héroïque.

nité pour celle où il y avoit plus à souffrir. Là dessus je fis reflexion que sans connoitre la mission des Hurons je l'avois déjà demandée, puisqu'elle étoit une de celles où la nature trouve moins de satisfaction. Pensant aussi que beaucoup de doctrine et de théologie n'étoient pas nécessaires pour prêcher la foi à ces sauvages je conclus en moi même que si Dieu me destinoit au Canada je n'avois pas besoin d'achever mes études. J'en communiquai donc avec le père Poncet qui étoit nommé pour cette mission et qui avoit congé de repasser en France et de passer de France au pays des Hurons. Ce père n'ayant personne à Rome pour l'y accompagner, fut bien aise d'apprendre l'ardent désir que j'avois d'être son compagnon. Il me falloit bien des permissions pour cela, permission de quitter mes études sans les achever, permission d'être prêtre au plustôt, permission de partir de Rome pour me rendre à temps aux ports de France, où l'on s'embarque pour le Canada. Enfin j'obtins toutes ces graces de nos Supérieurs après diverses instances que je leur en fis.

Ayant gagné le père Piccolomini, Provincial de la province Romaine et le père Charlet, Assistant de France je m'adressai au Révérend père Général. Sa paternité m'ordonna d'abord de recommander huit jours durant mon affaire à Dieu et ensuite de la venir retrouver. Pendant tout ce temps nous tachâmes, le père Poncet et moi de ne rien omettre de ce qui pouvoit nous rendre le ciel propice. Notre huitaine ayant expiré le jour de St. Matthieu, (1637), j'allai attendre Notre Père au sortir de sa chapelle où il venoit de dire la Ste Messe. Aussitôt qu'il m'aperçut, il me dit : « Notre F. Chaumonot, vous avez gagné votre cause. » Puis me mettant les mains sur la tête, il ajouta avec une tendresse de Père : « Mon cher enfant, vous irez en Canada. » Cette bonne nouvelle me causa presqu'autant de joie que j'en ressentis lorsque mon maitre de novices m'avertit qu'on m'admettoit à faire les vœux dans la Compagnie.

Ayant reçu du Révérend Père Vitelleschi cette assurance de ma mission, je commençai les exercices spirituels, durant lesquels le père Poncet obtint de notre Père Général la permission pour lui et pour moi d'aller en pélérinage à Notre Dame de Lorette à pied et en demandant l'aumône. Mais avant que je parle de ce voyage, je crois devoir dire ici ce qui regarde un vœu, que la Sainte Vierge m'avoit inspiré de faire. Voici comment. Un jour que je me preparois à la communion je priai la divine Marie de m'inpirer ce que je pourrois faire d'agréable à son très cher fils que j'allois recevoir. Au même instant il me sembla ouir au fond de mon cœur cette aimable Reine qui me disoit à l'âme : « Faites vœu de chercher toujours et en toutes choses la plus grande gloire de Dieu. » Je lui répondis de même intérieurement : « Je le veux bien, O Sainte Vierge ! pourvu que vous soyez ma caution et que vous m'aidiez à garder une telle promesse. » J'écrivis comment tout ceci s'étoit passé : j'en communiquai avec notre Révérend Père Général et je lui demandai s'il agréeroit que je suivisse ce mouvement. Il me demanda si je n'étois point scrupuleux, je lui répondis que non. « Dieu soit béni », repondit-il, « vous pouvez faire ce vœu ; mais attendez à vous y engager qu'il se rencontre quelque occasion favorable, comme d'un lieu de quelque grande dévotion où Dieu vous auroit attiré. Je jugeai donc lorsque le père Poncet m'eut fait la proposition du pélérinage de Lorette, que c'étoit là que Notre Seigneur et Notre Dame souhaitoient que je m'engageasse par vœu à chercher en tout la plus grande gloire de Dieu. Ce qui me confirma dans ma pensée fut que le propre jour que le père Poncet m'interrogeoit dans ma retraite pour m'apprendre qu'il me vouloit mener à Lorette, la nuit pendant mon sommeil je vis en songe une personne que je pris pour ma mère ; mais son visage noirâtre et bazané m'étonna ; ma vraie mère ne m'ayant jamais paru avoir le teint brun. Le matin immédiatement après mon lever, avant que qui que ce soit fut entré dans ma chambre, je trouvai sur ma table un écrit où étoient ces mots : « Votre beau vœu est enregistré dans le ciel ; il faut le présenter à Dieu sous les auspices de la Mère par excellence. » Alors je me persuadai que la personne qui m'avoit apparu durant mon sommeil étoit la Bienheureuse Vierge qui vouloit me servir de mère; et qu'elle avoit apparu sous la figure et avec la couleur qu'a son image à Lorette afin que je connusse par là que sa Sainte Maison étoit le lieu où elle désiroit que je me devouasse à la plus grande gloire de N.-S.

C'est ce que je fis en effet dans ce divin sanctuaire à la faveur de Marie et par le vœu dont j'ai parlé. Cela n'empêcha pas que je reçusse d'abord avec un peu de froid le Père qui vint m'interrompre dans ma retraite pour m'entretenir de notre pélérinage. Les douceurs que je goutois dans ma solitude me portèrent à lui répondre avec ces paroles de Gerson : « Il est rare que qui voyage beaucoup en devienne plus Saint. » Cependant j'acceptai aussitôt après son offre, et nous partimes de Rome pour Lorette au commencement d'Octobre de l'année 1637. Dès le premier jour il me prit un mal de genou si violent qu'à chaque pas que je faisois, je sentois autant de douleur que si l'on m'y eut donné des coups d'aleine. Nous ne voulions pas pourtant nous en retourner, de crainte que nos Supérieurs ne revocassent la permission qu'ils nous avoient donné d'aller en Canada, s'ils voyaient que si peu de chemin fait à pied avoit déjà estropié l'un de nous deux.

Je marchai huit jours entiers avec cette incommodité, ou plutôt je me trainai, m'appuyant snr un bâton. Le père Poncet m'avoit flatté que je serois guéri à Assises et effectivement lorsque nous y fûmes, il fit tout ce qu'il put auprès du Séraphique St. François pour obtenir ma guérison. Mais ce miracle étoit reservé à une pauvre villageoise (Françoise du Serron), morte en opinion de sainteté dans la ville de St. Sévérin, où nous arrivâmes la veille de Ste Thérèse.

Il n'y avoit que peu de temps que nous avions lu à Rome dans un manuscrit la vie de cette servante de Dieu, ce qui fut cause qu'estant logé chez les Révérends Pères Barnabites dans l'église desquels son corps repose, je me recommandai à elle en lui promettant de la faire connoître dans toutes les occasions que j'en aurois jamais, si elle m'obtenoit de Dieu ma guérison. Comme l'on a de l'inclination pour son semblable, cette sainte villageoise intercéda si bien pour moi, pauvre villageois, qu'après la messe dite par le père Poncet en action de graces des faveurs qu'elles a reçues du ciel et après la communion que je fis à cette messe à la même intention, je me trouvé entièrement guéri. Il est vrai que les premiers jours après ce miracle lors que je hâtois le pas, je ressentois encore comme une piqure d'epine au dessus du genou : mais cela cessoit même aussitôt que je disois mentalement à Dieu : « Seigneur je vous recommande l'honneur de votre dévote et fidèle servante Françoise du Serron. »

Enfin nous nous rendîmes à Lorette vers la St. Luc et nous y fimes nos dévotions avec le plus de ferveur que nous pûmes. Nous y recommandâmes à la Vierge le succès de notre voyage du Canada et nous formâmes le dessin de bâtir dans la Nouvelle France lorsque nous y serions, une chapelle sous le nom de Notre Dame de Lorette et sur le plan de la Sainte Maison de la Mère de Dieu dans laquelle nous étions. Je fis aussi le vœu que la Sainte Vierge m'avoit inspiré et dont j'ai parlé plus haut. Mais hélas ! je ne l'ai pas gardé avec la ferveur et avec la fidelité que je devois avoir. Peut être même qu'il auroit mieux valu pour moi de n'avoir jamais fait une telle promesse que de l'avoir si mal gardée.

Après notre retour à Rome la Signora Portia Lancelotti, nièce d'un Cardinal et pénitente du Père Poncet, ayant appris de lui que nous avions formé le dessin de bâtir en Canada une Lorette, voulut dès lors y contribuer d'une somme d'environ 25 écus pour y mettre, dit elle, la première brique. Environ le même tems je sus que le Canada avoit pour patron le glorieux St. Joseph : ce qui excita ma dévotion à demander à notre Révérend Père Général qu'il me permit de me nommer Joseph-Marie : ce qu'il m'accorda sur les raisons que je lui en apportai, de me mettre sous la puissante protection de ces deux époux vierges, de reconnoitre par là les obligations que je leur ai et de m'exciter à l'imitation de leurs vertus.

Il y a dans Rome une chapelle de St. Joseph, où de temps en temps s'assemble la Confrérie qui lui est dévouée. Je visitai ce saint lieu quelques jours après que j'eus pris les noms de Joseph-Marie et je sus que cette dévote chapelle étoit batie sur la prison où St. Pierre avoit été enfermé et chargé de chaines. Il me vint alors en pensée que comme on avoit bati une chapelle à St. Joseph sur un lieu qui étoit honoré du nom du prince des apôtres, de même Dieu pouvoit bien se servir de moi qui avois reçu le nom de Pierre à mon baptême pour faire une chapelle où le digne nourricier de Jésus fut honoré avec sa divine épouse. Il me sembla même qu'au sujet de la future Lorette du Canada, Notre Seigneur me feroit la grace d'avoir au moins une petite part à cette grande promesse qui fait la gloire de mon saint patron : « Tu es Petrus et super hanc petram ædificabo ecclesiam meam. »

On permet à Rome aux nouveaux prêtres de notre Compagnie de dire leur première Messe dans le lieu que leur dévotion leur inspire. Je n'eus garde d'en choisir d'autre que la chapelle bâtie à l'honneur de la Vierge par le Cardinal Palloti, sous le nom et sur le modèle de la Sainte Maison de Lorette. J'avoue que j'aie souvent souhaité la Papauté ce vertueux Prelat en recompense de sa dévotion à Notre Dame et je souhaite encore toutes sortes de bénédictions aux personnes qui ont contribué à la bâtisse de la Lorette du Canada, où je demeure en qualité de Chapelain de la Sacrée Vierge et de Missionnaire des pauvres Hurons. Lorsque j'écris ceci en 1688, il y a quatorze ans que j'ai le premier de ces deux emplôis, y en ayant près de 49 que j'ai le second. Dieu me fasse la grace d'y mourir et d'y mourir incontinent après avoir dit ma dernière messe! Ainsi soit il.

(NOTA. Sur le manuscrit original, on lit : « Je pense qu'il manque ici un petit cahier. »)

L'an 1639, le premier jour d'Aout, qu'on fait la fête de St. Pierre aux liens, j'arrivai à Québec avec les Religieuses Ursulines et Hospitalières. Deux jours après je partis avec le père Poncet, pour la Mission des Hurons. Le canot dans lequel je m'embarquai étant conduit par six sauvages aborda le 10 de Septembre au bout d'un petit lac nommé Tsirargi. Il est au pays des Hurons. Depuis peu nos Pères avoient fait bâtir tout proche une cabane pour s'y loger. Au moment de notre arrivée, le Père Jérôme Lalemant, Supérieur de cette mission sentit frémir sa poitrine, ce qu'il prit pour un avertissement que quelqu'un de nos pères de France arrivoit. Il sort donc aussitôt de la cabane, jette les yeux vers le lac et me voit déjà débarqué au bord de l'eau. Il accourt à moi, il m'embrasse avec tendresse et il me mène au logis en me racontant ce qui l'avoit excité à venir à ma rencontre (1).

L'hyver suivant il y eut parmis les Hurons une très grande mortalité causée par une espèce de petite vérole, qui n'épargnoit ni grands ni petits d'entre les sauvages. Le père Paul Ragueneau (2) ayant été choisi pour parcourir tous les bourgs infestés de cette maladie contagieuse et moi lui ayant été donné pour compagnon, nous ne manquâmes pas tous deux d'occasions d'exercer la patience en exerçant notre emploi qui étoit de consoler, d'instruire, de baptiser et d'assister de notre mieux ces pauvres moribonds. Comme cette

---

(1) La mission du Canada compte trois Pères du nom de Lalemant : *Charles*, supérieur en 1625, revenu en France en 1638, mort en 1674. *Jérôme*, son frère, parti en 1638, mort en 1673. Et *Gabriel*, neveu des précédents, qui, après trois ans de missions, fut, en 1649, martyrisé par les Iroquois.

(2) Le P. Paul Ragueneau, arrivé au Canada en 1639, fut successivement supérieur de la mission huronne, et supérieur général à Québec. Il mourut à Paris en 1680, huit ans après son retour du Canada.

contagion n'attaquoit pas les François, on nous prenoit pour des sorciers qui causions ce mal, et lesquels on chassoit de la plupart des cabanes. On nous cachoit les enfants malades pour nous ôter le moyen de leur conférer le baptême. Les adultes se bouchoient les oreilles pour ne pas ouïr nos instructions. Un jeune homme entre autres ayant apperçu au col du père Ragueneau un crucifix au bas duquel il y avoit une tête de mort, le lui arracha en criant que c'étoit le sortilège qui les faisoit mourir. Le père intrépide dans les dangers, faisant instance pour le ravoir, l'autre prit une hache pour lui en fendre la tête. Le père la vit levée sur sa tête sans pâlir et sans trembler : au lieu donc de s'enfuir et de se mettre en defence il ôta son chapeau, presenta sa tête et attendit le coup. Il l'auroit reçu effectivement si une femme qui se trouva là ne se fut jettée sur la hache au moment qu'il l'abattoit sur le Père. La nuit nous étoit encore plus facheuse que le jour, à cause du froid que nous endurions, étant éloignés du feu et exposés à tous les vents. L'unique soulagement que nous nous procurions étoit en nous couchant sur une écorce d'arbre qui nous servoit de lit, étoit, dis-je, de nous mettre les pieds sous l'aiselle l'un de l'autre pour les échauffer. Je ne finirois point si je racontois tous les mauvais traitemens qu'on nous fit pour nous obliger à quitter notre mission. L'année suivante on m'envoya avec le père Antoine

Daniel (1) à une nation qu'on appeloit Arendaenronnon (une des quatre tribus des Hurons). Comme je devois y apprendre la langue huronne, que je ne savois pas encore, le père me dit que pour y réussir, il falloit que j'allasse tous les jours dans un certain nombre de cabanes pour demander aux sauvages des mots de leur langue et pour les écrire, lorsque l'on me les suggéreroit. J'avois tant de répugnance à faire ces visites qu'à chaque fois que j'entrois dans les cabanes, il me sembloit que j'allois au supplice : tant j'appréhendois les railleries qu'il m'y falloit souffrir.

Mon apprentissage ainsi fait sous le père Daniel, je fus choisi par notre Père Supérieur (le père Jérôme Lalemant) pour accompagner à la nation *Neutre* le père Jean de Brebeuf. (La nation *Neutre* occupait presque toute la vaste langue de terre formée par les lacs Ontario, Erié et Huron. Cette *mission* fut appelée : *des Saints-Anges*.)

Nous y fumes d'abord assez bien reçus surtout après que nous les eûmes convaincu que par le moyen de notre écriture nous pouvions connoitre ce qui s'étoit fait ou dit dans les lieux d'où nous étions éloignés. Voici l'expérience que nous leur en donnâmes.

---

(1) Le P. Antoine Daniel, de Dieppe, partit pour les missions du Canada, en 1632. Après quinze ans de travaux chez les Hurons, il périt glorieusement de la main des Iroquois, en 1648.

Le père de Brebeuf sortit de la cabane et alla assez loin. Cependant un de l'assemblée me dit d'un ton bas et en sa langue ces paroles : « Je vais à la chasse, je trouve un chevreuil, je prends une flèche dans mon carquois, je bande mon arc, je tire et du premier coup j'abas ma proie ; je le charge sur mes épaules, je l'apporte à la cabane, et j'en fais un festin à mes amis. » Je n'eus pas plutôt écrit ce petit discours qu'on rappela le père. On lui mit le papier en main et il lut mot pour mot tout ce qu'on m'avoit dicté. A cette lecture les assistants jettèrent un grand cri d'admiration. Ensuite ils prirent le papier et après l'avoir bien tourné et retourné, ils s'entre-disoient « Où est donc la figure qui représente le chasseur ? Où le chevreuil est-il peint ? Où est marqué la chaudière et la cabane du festin ? Nous ne voyons rien de tout cela, et pourtant l'écrit la dit à Héchon (c'est le nom sauvage qu'on avoit donné au père de Brebeuf et que j'ai eu l'honneur de porter après sa mort). Au reste nous eûmes là une belle occasion de leur déclarer ainsi que nous fîmes que ce que l'écriture de nos ancêtres nous apprenoit de la foy étoit aussi véritable que ce que le papier écrit de ma main en leur présence avoit raconté à Héchon.

Pendant que nous étions paisiblement chez ces sauvages quelques uns des anciens Hurons qui nous attribuoient tout le mal que la petite vérole leur avoit causé envoyèrent deux députés aux *Neutres*, pour porter ceux-ci à se défaire de nous, parce que, disoient ils, nous étions des sorciers et que nous prétendions ruiner la Nation Neutre en hyvernant chez elle, comme nous avions déjà ruiné la Huronne par nos sortilèges. Ils offrirent ensuite neuf haches pour récompense à ceux qui nous feroient mourir. C'étoit là un présent très considérables à ces peuples, qui étant assez éloignés des Hurons, où étoient les François ne se servoient encore que de pierres pour couper du bois ou plutôt pour le rompre et le casser. Ces pierres étoient engagés dans la fente d'un bâton et liées avec une courroie à cette espece de manche. Ainsi les neuf haches tentèrent puissamment les Neutres, et c'est un miracle que nous ayons échappé d'un si grand danger.

En effet un soir qu'on déliberoit de nos vies dans une assemblée de tous les notables du bourg, le père de Brebeuf faisant son examen de conscience eut cette vision. Un spectre furieux avoit dans ses mains trois dards ou trois javelots dont il nous ménaçoit tous deux qui étions ensemble en prières. Afin que l'effet suivit les menaces il lança contre nous un de ces traits, mais une main plus adroite, ou une vertu plus forte l'arrêta en chemin ; et elle nous rendit le même bon office, lorsqu'il decocha le second et le troisième dard. Notre examen fini le père m'avertit du danger où nous étions et après qu'il m'eut raconté sa vision je jugeai comme luy qu'on pourroit bien tramer quelque chose contre nous. Sans en prendre l'alarme nous nous entre-confessames l'un l'autre et toutes nos prières achevées, nous nous couchâmes à l'ordinaire.

Bien avant dans la nuit, notre hôte revint du conseil, où les deux Hurons avaient présenté leurs haches pour nous faire casser la tête. A son arrivée dans sa cabane, il nous éveilla pour nous apprendre que par trois diverses fois nous avions été sur le point d'être massacrés, les jeunes gens s'étant offerts à faire le coup ; mais qu'à toutes les trois fois les anciens les avoient retenus par la force de leurs raisons. Ce récit nous expliqua ce que le père de Brebeuf n'avoit vu qu'en enigme.

Au reste quoique les anciens eussent empêché leur jeunesse de nous tuer, ils ne purent empêcher les autres mauvais effets que produisit la calomnie des Hurons que nous étions sorciers. Personne ne nous vouloit plus donner le couvert même pendant la nuit, quoiqu'il fit bien froid. Un soir que tout le monde du bourg étoit sur ses gardes et qu'on avoit comploté de ne nous point loger nous nous mîmes à la porte d'une cabane, à dessin de nous y glisser, lorsque quelqu'un en sortiroit. En effet une personne qui étoit dedans ayant ouvert la porte nous nous y fourrâmes aussitôt, mais on ne nous eut pas plutôt apperçus qu'on pensa pâmer de peur. Après qu'ils furent un peu revenu de leur crainte et qu'ils eurent repris leur esprit, ils envoyèrent avertir les anciens que nous étions chez eux et de la manière dont nous y étions entrés. Voilà incontinent la cabane pleine de monde qui vint au secours de nos nouveaux hôtes. — Les vieillards nous entreprennent avec menace de nous mettre à la chaudière, si nous ne délogions et si nous ne sortions de leur pays. Les jeunes gens pour appuyer l'ordre des anciens disoient bien haut qu'ils étoient saouls de la chair noiratre de leurs ennemis et que volontiers ils mangeroient de notre chair qui est plus blanche. Sur ces entrefaites un soldat armé d'arc et de flèches entre comme un furieux dans la cabane, bande son arc et se met en devoir de décocher ses flèches sur nous. Je le regarde fixement et je me recommande avec confiance à St. Michel. Sans doute que ce grand Archange nous preserva puisque notre plus furieux ennemi s'appaisa presqu'aussitôt et qu'ensuite nos autres adversaires se rendirent aux raisons que nous leur donnâmes de notre arrivée et de notre séjour dans leur pays. Nous les assurâmes que notre unique prétention étoit qu'ils se soumissent à la foi que nous leur préchions pour les rendre saints dans le tems et heureux dans l'éternité.

Nous passâmes quatre mois et demi chez ces sauvages de la Nation Neutre sans pouvoir rien gagner sur leur esprit, tant ils s'étoient laissé préoccuper contre nous. C'est pourquoi le père de Brebeuf jugeant avec sujet, que si nous demeurions plus longtems parmi ces barbares, ce seroit les aigrir contre nous, plutôt que de les adoucir, nous retournâmes au pays des Hurons, où nous avions déjà quelques Chrétiens.

Lorsque j'y fus arrivé, notre Supérieur me donna pour compagnon de mission, tantôt à un père, et tantôt à un autre. Comme ils parcouroient toutes les bourgades Huronnes, je m'y transportois avec eux. Un jour que j'accompagnais le père Daniel (au bourg de St. Michel dans la mission de St. Joseph) dans une cabane où il avoit baptisé une jeune femme moribonde, voici ce qu'il m'arriva. Un des parents de la malade, irrité contre nous à cause de ce baptême nous attend dehors à l'entrée de la cabane avec une grosse pierre en main pour nous la décharger de toute sa force sur la tête, lorsque nous sortirions. Par bonheur pour moi je passe le premier et voilà qu'au moment que je mis le pied dehors ce furieux m'abattit mon chapeau d'une main et de l'autre il me frappa de sa pierre sur la tête nue : je fus tout étourdi du coup, et l'assassin voulant m'achever prit une hache. Mais le père Daniel qui étoit fort et adroit, la lui arracha des mains. On me mena chez notre hôte, où un autre sauvage fut mon charitable médecin. Ayant vu la grosse tumeur que j'avois à la tête, il prit une autre pierre pointue pour m'y faire de incisions par lesquelles il tacha d'exprimer tout le sang meurtri et puis il arrosa le haut de la tête avec de l'eau froide, dans laquelle il avoit mis quelques racines pilées. Il prenoit dans sa bouche cette liqueur médecinale et la souffloit dans les plaies ou dans les ouvertures qu'il m'avoit faites. Cette cure fut si heureuse qu'en fort peu de tems je fus guéri. Dieu se contenta du desir que j'avois du martyr ou plutôt il ne me jugea pas digne qu'on me fit mourir en haine du premier de nos sacrements.

Lorsqu'on vit que je savois bien la langue Huronne, on me donna entièrement le soin de deux différentes missions. En même tems je m'appliquai à faire et à comparer les préceptes de cette langue, la plus difficile de toutes celles de l'Amérique Septentrionale. Il plut à Dieu de donner à mon travail, tant de bénédiction, qu'il n'y a dans le Huron ni tour ni subtilité ni manière de s'énoncer dont je n'aie eu la connoissance, et fait pour ainsi dire la découverte. Peut-être que Notre Seigneur a voulu récompenser par ce don de langue, l'attrait qu'il me donna à l'humilité dès mon noviciat. Peut être aussi que St. Jérôme à qui j'ai eu recours pendant plusieurs mois m'a assisté dans cette ouvrage. Peut être encore que je n'y ai pas été moins aidé du père Charles Garnier, Parisien, tué à coups de fusil par les Iroquois en 1649, lorsqu'il faisoit dans sa mission l'office d'un bon pasteur (il était au Canada depuis 1636). Je n'eus pas plutôt appris sa glorieuse mort, que je lui promis tout ce que je ferois de bien pendant huit jours, à condition qu'il me feroit son héritier dans la connoisssance qu'il avoit parfaite du Huron. Quoiqu'il en soit, comme cette langue est pour le dire ainsi la mère de plusieurs autres, nommément des cinq Iroquoises, lorsque je fus envoyé aux Iroquois (que je n'entendois pas), il ne me fallut qu'un mois à apprendre leur langue. J'avoue que souvent j'ai remarqué dans les conseils de leurs cinq nations assemblées, que par une assistance de Dieu toute spéciale, je les entendois tous, quoique je n'eusse encore étudié que l'Onnontagué.

Mais pour retourner aux Hurons dont je me suis éloigné insensiblement et trop tôt, les premières années que je passai dans leur pays je fus grandement incommodé de la colique. On a cru que c'étoit la nourriture du lieu qui me la causoit. Dieu me fit cependant la grace de n'avoir pas même la première pensée de regretter l'Europe. Au contraire je me sentois plus résolu que jamais de passer toute ma vie dans cette mission ; et j'y serois encore si ce pauvre pays là n'avoit été ruiné par les Iroquois.

Au tems de la plus grande défaite de la Nation Huronne j'avois soin d'un bourg qui étoit presque tout Chrétien. Les Iroquois ayant attaqué les villages qui étoient éloignés de nous d'environ trois lieues, donnèrent le loisir à nos gens de faire une sortie pour aller fondre sur eux : mais les ennemis étant en bien plus grand nombre qu'on ne pensoit, les nôtres furent battus. Deux jours après leur défaite, la nouvelle nous vint que tous nos guerriers étoient ou tués ou captifs. Ce fut vers la minuit qu'on nous l'annonça et tout aussitôt voilà dans toutes les cabanes, des pleurs, des sanglots et des cris lamentables. On n'entendoit partout que des femmes qui regrettoient leurs maris, des mères qui pleuroient leurs fils, et d'autres parents qui s'attristoient de la mort ou de la captivité de leurs proches. Là dessus un vieillard craignant avec sujet que les Iroquois ne vinssent enlever le bourg, qui étoit sans défense par la perte de ses braves, commença à courir de tous côté en criant à pleine tête : « Fuyons ! fuyons ! sauvons-nous ! Voici l'armée ennemie qui vient nous prendre. » A ce cri je sors dehors, je parcours les cabanes pour baptiser les catéchumènes, pour confesser les Néophytes et pour armer de la prière les uns et les autres. En faisant ainsi le tour de la bourgade, je m'aperçus que tout le monde l'abandonnoit pour se refugier chez une nation (ou *mission* appelée *des Apôtres*) qui étoit à onze grandes lieues de notre demeure. Je suivis ces pauvres fugitifs dans la vue de les aider pour leur salut et comme je ne pensai pas même à prendre aucune provision je fis tout ce chemin sans boire et sans manger et même sans être las. Je ne songeai en marchant et je ne m'occupai qu'à consoler mon troupeau, à instruire les uns, à confesser les autres et à baptiser ceux qui ne l'étoient pas encore. Comme l'hiver duroit encore, je fus obligé de leur conférer le baptême avec de l'eau de neige que je faisois fondre entre mes mains. Ce qui me fit mieux connoitre qu'en ce voyage les forces que j'avois me venoient d'en haut, c'est qu'un françois qui se trouva de la bande et qui étoit d'une complexion incomparablement plus robuste, pensa demeurer en chemin, n'en pouvant plus de foiblesse, de lassitude et d'épuisement.

J'avais passé onze ans au pays des Hurons avant qu'il fut détruit par les Iroquois, mais à notre grand regret il nous le fallut quitter. Notre Supérieur voyant que le peu qui restoit de la nation Huronne n'étoit plus en état de résister à ces cruels ennemis, eut la charité de les inviter à descendre à Québec et même de les y conduire en notre compagnie et de tous les François qui étoient avec nous (1650). Lorsque nous fûmes rendus à Québec, on m'y donna le soin de tous ces pauvres étrangers, et je les y gouvernai tout un hiver. Le printemps je les conduisis à l'Isle d'Orléans (à une lieue et demi au dessous de Québec) sur les terres que nous y avions, où nous leur fîmes abattre du bois et faire des champs, où le bled d'Inde qu'ils semèrent vint à merveille. Sans parler des François que nous employâmes à ce travail, en les payant, nous engageâmes aussi tous ces sauvages à s'aider eux mêmes.

Voici comment.

Il n'avoient rien de quoi subsister, et tous les jours nous leur donnions par aumône du pain et de la sagamité, ainsi qu'ils l'appellent; c'est-à-dire du potage fait avec des pois, du riz ou du bled d'Inde, et assaisonné avec de la viande ou du poisson : Leur part de ces vivres étoit plus grande ou plus petite à proportion qu'ils avoient plus ou moins travaillé. D'abord quelques uns murmurèrent, s'imaginant que nous profitions de leur travail; mais lorsqu'ils virent qu'après les avoir nourris et habillés à nos dépens, depuis leur arrivée à Québec, nous ne nous retenions pas même un seul pouce des terres nouvellement défrichées à nos frais, qu'au contraire nous les partagions également à toutes leurs familles, ils nous chargèrent de bénédictions. Ils nous remercioient non seulement des champs, que nous leur donnions, mais même de ce que nous les avions fait travailler. Aussi dès la seconde année ils commencèrent à recueillir là autant de bled d'Inde qu'ils avoient coutume d'en recueillir dans leur pays.

Pendant que j'étois avec mes Hurons dans cete île, les Iroquois d'Onnontagué arrivèrent à Québec pour traiter de la paix avec nous et pour demander des missionnaires qui les instruisissent dans la foi. On m'appela de l'Isle d'Orléans où j'étois et l'on voulut m'avoir pour interprète. Comme en répondant aux paroles et aux présents des Onnontagués, je fis paroitre un grand désir qu'on leur donnât de nos pères, Monsieur de Lauzon, Gouverneur du Canada, jetta les yeux sur moi pour cette mission, et il en parla si favorablement à nos pères qu'ils me préférèrent au père Ménard, déjà destiné à cet emploi par notre Supérieur. Le père Claude Dablon me fut donné pour second et Dieu ayant béni notre voyage nous fûmes bien reçus à Onnontagué. On témoigna qu'on agréoit surtout le présent que nous fîmes pour exhorter les Iroquois de cette nation à embrasser la foi. Et certes nous n'eûmes pas plutôt dressé une petite chapelle dans la cabane de notre hôte que le monde commença à s'y assembler pour la prière et pour l'instruction. Les dimanches et les fêtes nous choisissions tantôt une cabane, tantôt une autre pour y faire le catéchisme, parce que notre chapelle étoit trop petite et que nous espérions par là gagner ces sauvages, qui se tenoient honorés que la sainte assemblée (c'est comme ils la nommoient) se fit chez eux.

Afin d'y attirer encore plus de monde nous apprimes à chanter des cantiques spirituels à celles des petites filles qui avoient la voix plus belle. Et comme le père qui étoit avec moi sait fort bien jouer des instruments de musique et qu'il en avoit apporté un avec soi, les filles n'avoient pas plutôt chanté un couplet qu'il le répétoit sur cet instrument. Les sauvages surpris jusqu'à l'admiration s'entredisoient : « Quelle merveille ! voilà un bois qui parle et qui a l'esprit de redire tout ce que nos enfants ont dit. »

Sur la fin de l'hiver le père Dablon et moi voyant que les Onnontagués ne se disposoient point à tenir la parole qu'ils avoient donné à Onnontio (c'est ainsi qu'ils appellent le Gouverneur des François) de lui faire savoir de nos nouvelles avant le printems nous recommandâmes cette affaire au feu père de Brebeuf en recitant des prières à son honneur et nommément l'oraison de notre père St. Ignace. Notre dévotion eut son effet : voici comment.

A l'occasion des bruits qu'on faisoit courir que des chasseurs d'Onnontagué descendus à Montréal y avoient été pris, maltraités et mis en prison, je fus mis sur la sellette par les anciens qui m'accusoient de les avoir trahis eux et leurs gens.

Je leur répondis que nous n'étions pas capables

d'une telle fourberie : qu'ils se donnassent patience, et qu'avec le tems ils connoîtroient la vérité. On m'a souvent imposé de semblables calomnies et même de plus atroces pour avoir quelque prétexte de me massacrer, mais je n'ai jamais été saisi d'aucune crainte dans toutes ces rencontres : en quoi j'ai reconnu une grace de Dieu toute particulière puisque je suis timide de mon naturel. Mais pour reprendre mon discours dont je m'éloigne sans y faire réflexion, je je proposai à nos accusateurs de nous donner deux ou trois guides pour conduire à Montréal et à Québec le père Dablon ou moi, afin d'en rapporter des nouvelles assurées. J'ajoutai que celui de nous deux qui ne seroit pas choisi pour ce voyage, demeureroit cependant en otage chez eux ; et c'est ce qui m'arriva, le père étant parti avec deux jeunes hommes des premières familles pour aller informer de tout M. de Lauson, Gouverneur du Canada et le révérend père François le Mercier notre Supérieur. Au reste comme cette mission que j'ai faite aux Iroquois est décrite avec les autres, soit dans l'histoire de la Nouvelle France par le père Du Creux, soit dans les Relations ou Lettres annuelles de notre Supérieur de Québec à notre Révérend père Provincial, je ne dis guère ici que ce que je crois y avoir omis.

---

(1) Les *Relations* de la Nouvelle-France sont un des plus précieux monuments de l'histoire ecclésiastique, et souvent la source

J'ajouterai donc encore que dans un conseil général des cinq Nations Iroquoises, qui se tint à Onnontagué, quoique j'eusse la fièvre, je répondis avec tant de force et d'action à toutes les objections qui y furent faites, soit en général contre la nation françoise, soit en particulier contre notre Compagnie, soit même contre la religion Chrétienne que je fermai la bouche à tous mes adversaires. Ensuite ma fièvre en augmenta jusqu'au délire; mais enfin un jour que j'eus quelque bon intervalle je me souvins qu'étant à Rome, j'avois été guéri de la fièvre par le grand St. Pierre. Je me recommandai donc à lui et dès le lendemain je me trouvai en santé. Ma première guérison m'arriva le jour de son martyre, et cette seconde à la fête de ses liens.

Quelque tems après je fus envoyé en Mission et en ambassade à Goiogouen et à Thsonnontouan. J'y fis aux sauvages autant de présents que je leur déclarai d'articles de notre foi et de commandements de Dieu. Les Tsonnontouans agréèrent toutes mes propositions à la réserve de celle qui défend la pluralité des femmes et la dissolution des mariages; car l'ancien

---

unique des annales du Canada. — Les quarante volumes de cette collection, devenue extrêmement rare, ont été réimprimés à Québec, en 1858, grâce à la généreuse intervention du gouvernement canadien. — Les protestants, comme les catholiques, ont rendu justice au mérite et à la sincérité des *Relations*.

qui répondit à mes présents m'allégua que si l'on ne permettoit aux hommes d'avoir plusieurs femmes, le pays ne se peupleroit pas. A quoi je répartis que la France étoit incomparablement plus peuplée que leurs terres et que cependant l'on ne s'y démarioit point ni on n'y souffroit point la polygamie. J'ajoutai même que si en cela ils imitoient les François, ils élèveroient beaucoup plus d'enfans qu'ils ne font ; car « vos femmes voyant que vous les quittez pour aller à d'autres, lorsqu'elles sont ou grosses ou nourrices, s'empèchent de le devenir, et si malgré elles, elles le deviennent, le chagrin qu'elles ont de se voir abandonnées est cause qu'elles perdent leur fruit, de manière que grand mal arrive ainsi que vous le savez mieux que moi. C'est donc vous, dis-je aux hommes, oui, c'est vous qui renversez vos familles au lieu de les établir et qui ne remplissez presque vos cabanes que des esclaves que vous prenez en guerre au lieu de les peupler des enfants d'un légitime mariage. » Ce discours qui ferma la bouche aux hommes eut tellement l'approbation des femmes qu'elles voulurent m'en remercier dans un grand festin qui se fit dans leur bourg, et où elles vinrent parées de leur bijoux danser à la cadence de deux ménestriers du pays aux bruits desquels joignant leurs voix, elles chantoient mes louanges et me rendaient des actions de graces de ce que j'avois si bien pris leur parti.

Ce n'est pas seulement en Europe que les personnes du sexe sont plus portées à la douceur et à la piété que les hommes, puisque même chez les Iroquois qui sont la plus fière et la plus cruelle nation du monde, les femmes ne m'ont donné que des marques de respect et de bonté. Comme lors de mon séjour à Onnontagué, j'allois souvent prier Dieu vers les champs de bled d'inde pour éviter l'importunité des sauvages qui me visitoient à toute heure, les femmes qui me rencontroient m'invitoient d'aller du côté de leurs champs et d'y prier Dieu qu'il donnât un tems propre à murir les bleds. Elles firent encore mieux paroitre leur affection pour moi à notre départ d'Onnontagué, puisqu'elles en pleurèrent l'espace de plusieurs jours : et depuis ce tems-là à toute occasion, elles demandent de mes nouvelles en témoignant qu'elles désirent encore ma présence. Presque tout le monde avec qui j'ai conversé m'a donné de ces marques d'estime et d'amitié sans que je sache pourquoi, si ce n'est que Dieu par sa miséricorde m'a favorisé de cette grace qu'on appelle *Donum famae*. Il me l'a même accordée, lorsque dans le siècle je ne valois rien.

A mon retour de chez les Iroquois (1658) on me remit auprès des Hurons que je trouvai en petit nombre réfugiés à Québec au dessous du fort : les Iroquois leurs ennemis leur ayant donné depuis mon départ, un terrible échec, les étant venus chercher et surprendre jusque dans l'Ile d'Orléans. Au reste pendant que je m'employois à assister ces pauvres néophytes pour le spirituel et pour le temporel même, je tombai malade et je le fus dangereusement, surtout par une excessive douleur de tête qui me rendit sourd et qui m'ota le sommeil. Alors il me ressouvint d'avoir lu ou entendu qu'un malade recouvra la santé en se recommandant à St. Ignace, notre fondateur et en mettant par dévotion dans sa bouche une médaille de ce confesseur. Il me vint en pensée de faire la même chose à l'égard de la Sainte Famille dont j'avois sur moi une médaille : je la portai donc à ma bouche en recommandant ma santé à Jésus, Marie, Joseph. Je m'endormis fort peu après, et à mon réveil, je me trouvai guéri, ayant durant mon sommeil, jetté par l'oreille droite la matière d'un abcès.

A quelque tems de là je fus choisi par Monseigneur de Laval-Montmorency, d'abord évêque de Pétrée (puis premier évêque de Québec,) et par notre Père Supérieur pour secourir les habitans de Montréal, qui étoient dans un extrême nécessité de vivres. On leur en envoya par la barque qui me portoit. A mon arrivée M. Suart, curé de Ville Marie et M. Galinier, son collégue eurent la bonté de me loger chez eux. Nous passames ensemble quatorze mois pour le moins et toujours dans une si parfaite union qu'on nous auroit pris, eux pour être de la Compagnie de Jésus et moi pour être du Séminaire de St. Sulpice. Les fêtes et les dimanches nous officions, préchions, catéchisions tour à tour. Les habitans François me marquèrent aussi une grande confiance et plusieurs voulurent que je leur fisse faire des confessions générales. Je ne fus pas non plus tout à fait inutile à l'égard des sauvages, qui y passoient. Dès mon arrivée à Montréal, j'eus le bien de faire connoissance avec Madame d'Aillebout qui m'avoit été recommandée par le P. Jérôme Lalemant, notre Supérieur, qui ayant été son directeur à Québec, voulut que je tinsse sa place auprès d'elle à Montréal. Comme je la reconnus aussitôt pour une femme de vertu, d'esprit et de conduite, je la priai de se charger des vivres qu'on m'avoit confiés à mon départ de Québec, et d'en faire faire la distribution, de quoi elle s'acquitta à la satisfaction de tous les nécessiteux pendant que je vaquois à leur spirituel.

Cette dame dont le mari avoit été deux fois Gouverneur de la Nouvelle France eut la pensée pendant que j'étois à Montréal de trouver quelque puissant et efficace moyen de reformer les familles Chrétiennes sur le modèle de la Sainte Famille du Verbe Incarné, en instituant une société ou confrérie où l'on fust instruit de la manière dont on pourroit, dans le monde même, imiter Jésus, Marie, Joseph. Pour moi il y avoit quatorze ans et plus que j'avois de très ardents désirs et presque continuels que la divine Marie eut grande quantité d'enfans spirituels et adoptifs, pour la consoler des douleurs que lui avoit causé la perte de son Jésus. Aussi la première pensée que j'eus sur ce sujet me vint en méditant les infinies peines de la compassion de la Vierge à la mort de son Fils, et depuis ce tems là je n'ai guère eu d'autres entretiens dans mes oraisons que de conjurer le Saint Esprit de donner à sa très digne épouse le plus dévots enfans qu'il se pourroit pour suppléer au respect, à l'amour et aux services que le Sauveur même lui auroit rendu, si la mort ne lui avoit pas dérobé durant trois jours ce fils si cher. Quoi! disois-je à Dieu, Seigneur vous avez bien promis à votre serviteur Abraham une postérité plus nombreuses que les étoiles du ciel et que les sables de la mer, parce qu'il s'étoit mis en devoir de vous immoler son Isaac au premier ordre qu'il en reçut de votre part, et encore n'en fallust-il pas venir à l'exécution; vous vous contentâtes même de l'avoir vu trois jours seulement combattre sa paternelle tendresse pour son fils; mais voici bien un autre martyre! autant que trente trois ans l'emportent sur trois jours, Marie sur Abraham, Jésus sur Isaac, et la vérité sur la figue, autant le combat que la Vierge Mère a soutenu, l'emporte sur le combat de ce patriarche. Je vous en conjure donc,

Divin Esprit, de donner encore plus d'enfans spirituels à Marie, qu'Abraham n'en a eu de charnels.

Je ressentis de très grandes consolations à conjurer par toute sorte de motifs le divin amour de m'accorder ma demande, tellement que je ne me lassois pas de méditer sur ce sujet, et je n'avois lors nul gout à faire à Dieu d'autres demandes. Une fois donc que j'étois épris d'ardents désirs d'obtenir à la Vierge Mère cette sainte et nombreuse postérité, voilà que tout à coup j'entendis distinctement au fond de mon âme ces paroles intellectuelles, qui me disent au cœur : « Vous serez mon époux, puisque vous vou-« lez me faire mère de tant d'enfans. » Tout honteux et confus que la Mère de Dieu pensât à me faire tant d'honneur, je m'abymai dans la considération de mon néant, de mes péchés et de mes misères. Cependant elle me dit qu'elle étoit mon épouse.

Après une telle faveur que j'aurois bien voulu mériter, je trouvai dans un livre une dévotion pratiquée par quelques personnes dévotes à la Sainte Famille, lesquelles à l'honneur des trente années que Jésus, Marie et Joseph ont passé ensemble portent un cordon qui a trente nœuds ; chacun de ces nœuds a trois tours, pour représenter combien, pendant tout ce temps, ces trois adorables personnes ont été unies de pensée, de sentiments et d'affections. Là dessus je me sentis porté à établir à Montréal cette pratique, et M. Suart, à qui, comme à mon confesseur, je découvrois tout ce qui passoit dans mon âme, approuva cette dévotion déjà reçue en France, et comme curé, il me permit d'en prêcher le dimanche suivant, ce que je fis en exhortant ceux et celles qui voudroient porter ce cordon, après qu'on l'auroit béni, selon la formule qui s'en trouve ils devoient s'y disposer surtout par une exacte veille sur leurs pensées, sur leurs paroles, et sur leurs actions, afin qu'il n'y eut rien de criminel en matière d'impureté. Tout le monde agréa fort cette dévotion, et plusieurs en prirent la sainte marque, après s'être préparé à la recevoir.

Ce coup d'essai fut suivi d'un autre dessein, *Dies diei eructat verbum*. Ce fut d'ériger une association sous le titre de la Sainte Famille et de s'y proposer pour fin la sanctification des familles chrétiennes, sur le modèle de celle du Verbe incarné; les hommes imitant St. Joseph, les femmes la divine Marie, et les enfans l'enfant Jésus. Mon même directeur à qui je découvris ce dessein, m'y confirma par son approbation; mais comme nous ne pouvions y réussir, si nous n'avions et l'approbation de Mgr l'évêque et même des indulgences de Notre Saint Père le Pape, je proposai au dit Monsieur, à Madame d'Aillebout, à la Mère Supérieure de l'Hôpital et à la Sœur Marguerite Bourgeois Supérieure de la Congrégation (parce qu'en cette affaire nous agissions de concert ensemble), je proposai, dis-je que nous recommanderions une si grande entreprise à St. Ignace, en faisant pour son heureux succès une neuvaine à ce digne fondateur de la Compagnie de Jésus. Voici même la copie de l'oraison que je composai lors en son honneur, et dont j'ai encore l'original.

« Glorieux St. Ignace ! qui avez pour devise « La plus grande gloire de Dieu » et qui l'avez laissée comme par héritage aux enfans de votre Compagnie, nous ne doutons point que vous n'ayez la direction, et pour le dire ainsi la surintendance de tous les bons desseins que vos fils spirituels entreprennent à l'honneur de Dieu. Ainsi nous vous supplions très-humblement de prendre soin de faire réussir un ouvrage, qui, à ce que nous l'espérons, doit contribuer beaucoup à la plus grande gloire de la Divine Majesté, puisqu'il s'y agit de la réforme des familles chrétiennes sur le modèle de la très-sainte famille de Jésus, Marie, Joseph. Souvenez-vous, illustre patriarche, d'une société si utile à l'église; souvenez-vous du soin que vous preniez, nommément à Rome, des hommes pécheurs, des femmes mal mariées, des pauvres orphelins et des filles dont la pudeur étoit en danger. Continuez du haut du ciel à faire encore sur terre, par l'entremise de vos enfans, ce que vous y faisiez autrefois vous-même. Daignez donc leur inspirer les moyens d'arrêter les désordres qui perdent les familles, et d'y faire fleurir les vertus propres à changer les maisons en autant de séminaires qui remplissent l'église de saints et le ciel de bienheureux. Cette charge, ô grand saint, vous doit appartenir, puisque Jésus ayant bien voulu vous choisir, vous et vos enfants, pour communiquer son esprit à tant de personnes, même à des communautés entières et à des royaumes entiers ; assurément que Marie et Joseph, pour se conformer à leur Fils, voudront aussi se servir de vous et de vos mêmes enfans, pour communiquer leur esprit aux pères et aux mères de famille. Ainsi grand Zélateur de la gloire de Dieu, qu'il vous plaise d'être fondateur de l'association de la Ste. Famille, comme vous l'avez été de la Compagnie de Jésus. Et en reconnaissance de ce nouvel établissement dans lequel nous espérons de réussir sous vos auspices et par votre intercession, nous Soussignés vous offrons chacun neuf communions. Nous les ferons en action de grâce des faveurs que Dieu vous a accordées, tant à vous qu'à votre Sainte Compagnie. De plus nous promettons de faire en sorte que toutes les personnes qui seront admises dans cette association de la Sainte Famille, réciteront immédiatement après leur réception, neuf fois le *Gloria Patri*, pour le même sujet. A Montréal, le 31 de Juillet, fête de St. Ignace, en l'année 1663. SUART

Prestre; (Pierre) Joseph-Marie Chaumonot, Jésuite ; Judith de Bressoles, Supérieure de l'hôpital, Marguerite Bourgeois, institutrice des filles de la Congrégation, en Canada, Barbe de Boulogne, veuve de Mr d'Aillebout. »

Au reste, le Saint ne manqua pas de faire réussir l'affaire que nous lui avions recommandée. Après quelques traverses et quelques oppositions, qui sont ordinaires dans tous les ouvrages de Dieu, je fus rappelé à Québec où Mgr l'Evêque avant que de donner son approbation à notre dessein, en voulut d'abord faire comme un essai. Ainsi il me permit d'assembler de 15 en 15 jours un bon nombre de Dames et autres femmes dévotes, pour être admises dans cette nouvelle Société. Ensuite ayant reconnu par expérience, que l'association érigée sous le nom et à l'honneur de la Sainte Famille, produiroit dans les femmes et les filles les mêmes biens que les Congrégations de N. D. produisent dans les hommes et dans les garçons, il l'approuva. (*Les lettres patentes de l'Evêque sont du* 14 *mars* 1664.)

Il me fit même écrire au P. Paul Ragueneau, qui étoit lors à Paris, qu'il nous procurât de Rome des indulgences même plenières, pour les personnes de l'Association de la Sainte Famille. C'est ce qu'il fit, et, l'année suivante, nous en reçûmes les bulles du Pape (Alexandre VII, datées du 28 janvier 1665), à la sollicitation du R. P. Claude Boucher, Assistant de France.

Ensuite, Mgr de Laval, grand dévot de la Sainte Famille, à laquelle il a dédié son très-beau Séminaire de Québec, souhaitant que notre nouvelle association y fut aussi attachée et à sa cathédrale même, nous avons jugé que lui et ses très-dignes ecclésiastiques étant si zélés pour cette belle devotion, ils l'établiroient encore mieux que nous. Ainsi nous nous sommes demis entre leurs mains de la conduite de l'association de la Sainte Famille en Canada, à condition que ce nouvel établissement serviroit plutôt à soutenir les Congrégations de la Vierge, qu'à en diminuer ou la ferveur, ou les sujets (1). C'est en effet ce que ces Mrs observent très-fidèlement, puisqu'ils ne font des assemblées que des femmes et des filles qui sont de l'association de la Sainte Famille, et que les hommes et les écoliers, ou garçons s'acquittent avec encore plus d'assiduité et de ferveur que jamais de tous les devoirs de Congréganistes. Aussi l'association de la Sainte Famille étant comme une imitation de la Congrégation de la Vierge par le rapport des exercices de piété qui se pratiquent dans l'une et dans l'autre, il n'a fallu que former celle-là sur celle-ci :

---

(1) La Congrégation des hommes établie à Québec, en 1657, n'a jamais cessé d'exister et de conserver, après deux cents ans, la piété et le zèle des premiers temps.

afin qu'elles s'aidassent comme elles font plutôt l'une et l'autre que de s'entrenuire. Tout le Canada est témoin des grands biens que produisent, comme de concert, et les Congréganistes de leur côté, et les femmes avec les filles de la Sainte Famille de leur côté aussi.

J'ai oublié de dire, qu'à mon retour de Montréal, on m'avoit redonné le soin de la mission Huronne, qui étoit encore à Québec. Mais à l'arrivée des troupes envoyées de France (en 1665) par Sa Majesté, et commandées par Mr de Tracy, on me choisit pour servir d'aumônier aux compagnies qu'on destina pour le Fort Richelieu du Canada. J'avoue que je fus surpris de cette disposition. Cependant je ne fis rien pour la détourner, m'étant toujours très-bien trouvé de suivre à l'aveugle les ordres de mes supérieurs, quelque répugnance que j'aie pu y avoir. Et effectivement, je trouvai beaucoup plus d'honnêteté, de douceur et de docilité parmi ces gens de guerre que je ne l'espérois. Comme ils m'observoient, ils remarquèrent que j'évitois avec soin la perte du temps; que j'aimois beaucoup l'oraison, et que je ne les entretenois que des choses de leur salut; que je compatissois aux affligés, que je servois les malades; que je me faisois leur protecteur lorsque les officiers les maltraitoient, ou avec excès, ou sans sujet. Cela me gagna l'affection même de ceux-ci aussi bien que de leurs soldats, et j'en fis assez ce que je voulus. Le plus ancien des capitaines s'étant aperçu que je couchois sur une écorce, sans matelas et paillasse dans un lieu découvert et exposé à tous les vents, me força, quelque résistance que je pusse lui faire, de coucher auprès de lui dans son bon lit. Il étendit aussi ses soins charitables sur les autres besoins que je pouvois avoir.

Comme je taché de leur inspirer de la dévotion envers Jésus, Marie et Joseph, j'obtins d'eux qu'aux prières du soir, après l'examen de conscience, nous réciterions tous le chapelet de la Sainte Famille, lequel depuis ce temps-là, se dit tous les jours de même, dans presque toutes les familles du Canada. Ceux qui profitèrent le plus de mes instructions furent l'un des quatre capitaines, nommé M. Petit et un soldat nommé Gilles Mesnard. Le premier à la fin de cette campagne se disposa par l'étude et par des retraites aux ordres sacrés, et depuis plusieurs années il travaille dans l'Acadie avec beaucoup d'édification, de fatigues et de fruit en qualité de curé de Port Royal. Le second Gilles Mesnard quelque tems après s'engagea pour toute sa vie à notre service, et entre ses différents emplois, il a une nombreuse classe d'enfans auxquels il apprend à lire et à écrire, avec l'approbation de tout le pays.

Ma mission militaire étant achevée, on me remit

auprès de mes chers Hurons qui étoient lors en deça de Beauport, sur nos terres de Notre Dame des Neiges, à une petite lieue de Québec. Mais il fallut bientôt les replacer ailleurs, où ils fussent encore plus commodement. On leur fit donc faire de grands et beaux champs à la côte de St. Michel; les françois abattant les arbres dont ils vendoient le bois à Québec, qui n'en est qu'à cinq quarts de lieue, et les sauvages nettoyant la terre, qui leur a, sept années durant, apporté d'excellent blé d'Inde.

D'abord nous n'eûmes là pour chapelle qu'une cabane d'écorce, et encore étoit-elle trop petite pour contenir les François et les Hurons ensemble. C'est pourquoi Mgr l'Evêque me permit de dire deux messes tous les dimanches et toutes les fêtes, jusqu'à ce que nous eussions une église plus grande. Voici comment elle fut bâtie sous le nom de Notre-Dame de Foye.

Le père de Vérencourt, Jésuite, m'ayant envoyé d'Europe une vierge faite du bois même du chêne où l'on avoit trouvé la miraculeuse Notre-Dame de Foye, près de Dinan, je formai le dessein de bâtir sous le même nom de Notre-Dame de Foye une chapelle à la Sainte Vierge. Mais comme ce que j'avois d'aumônes pour ma mission, et ce que notre maison de Québec m'offroit de secours n'étoit pas encore assez pour l'exécution de mon entreprise, j'invitai les François des environs à y contribuer aussi de leur travail. Ils le firent volontiers et par dévotion à la Vierge et pour leur propre commodité. Ainsi pendant l'hyver, ils préparèrent tout le bois de la charpente, et l'apportèrent sur le lieu. Ensuite je fis travailler à cet édifice avec tant de diligence, qu'en peu de mois il fut en état. On commença aussitôt à y avoir de la dévotion, laquelle s'augmenta extrêmement par les miracles que la Sainte Vierge a bien voulu y opérer. Je n'en marquerai ici que deux : Le premier fut accordé par la Mère de Dieu à un soldat qui tomboit du haut mal. Il fit vœu de venir, neuf jours durant, en pélérinage à notre chapelle, et à chaque fois qu'il s'y rendit, il sentit son mal diminuer, de cette sorte que les derniers jours il n'avoit plus que de petits frémissements au bout des doigts, aux heures de son accès, et même ils le quittèrent tout à fait à la fin de sa neuvaine.

Le second Miracle dont je parlerai ici, se fit en faveur d'une Françoise, habitante de la côte St. Michel et nommée la Dasné. Il y avoit huit jours qu'elle étoit en travail d'enfant, désespérée de tout le monde, et ne pensant plus qu'à se préparer à la mort. J'y fus appelé pour l'y disposer. Après l'avoir confessée, je lui conseillai de faire un vœu à N. D. de Foye, et d'en mettre sur son sein l'image que je lui prêtai : qu'elle n'eut pas plutôt fait qu'elle accoucha heureusement d'un garçon, qui vit, qui se porte bien, qui est fort et robuste. Ces merveilles et plusieurs autres excitèrent la dévotion et la libéralité même des fidèles qui, ne se contentant pas de faire des vœux à la mère de Dieu dans sa nouvelle maison, contribuoient à l'achever, à l'embellir et à l'orner par leurs offrandes.

Nous crûmes que nous devions remercier le P. de Vérencourt de nous avoir envoyé une N. D. de Foye. Pour cela je lui fis faire un collier de porcelaine blanche et noire où étoient ces paroles : *Beata quæ credidisti :* le fond du collier estant de porcelaine blanche, et les lettres de noire. Nous prions le P. de le présenter de la part des Hurons, à l'originaire de N. D. de Foye, près de Dinan. Les Jésuites qui ont là un collége, se servirent de cette occasion pour exciter de plus en plus le monde au culte et à l'amour de la Sainte Vierge. Ils firent donc faire un char où le collier et quelques autres ouvrages des Hurons étoient portés comme en triomphe et soutenus par deux hommes couverts de peaux d'ours pour représenter nos sauvages qui faisoient ce présent. Ce char étoit traîné par quatre chevaux et escorté par une troupe d'écoliers forts lestes et bien montés. Une autre quadrille de leurs compagnons, qui ne leur cédoit en rien, leur vinrent à la rencontre, à quelque cent pas de l'Eglise, et tous ensemble firent plusieurs décharges.

Le clergé fit succéder les chants de l'Eglise et un sermon à l'honneur de la Vierge, dans lequel on loua la piété de nos néophites.

Ayant appris par un imprimé la manière dont on avoit reçu notre présent à N. D. de Foye, je formai le dessein d'en envoyer autant à N. D. de Lorette. Aussi depuis mon départ d'Europe, je conservois toujours le désir de procurer en Canada à la Sainte Vierge une maison bâtie sur le modèle de la vraie Maison, transportée de Nazareth en Dalmatie, et de Dalmatie en Italie. Je fis donc faire par mes Hurons un beau grand collier de porcelaine; la blanche en composoit le fond et la noire en lettres bien formées exprimoit ces divines paroles : *Ave Maria Gratia Plena, etc.* Le P. Jésuite pénitencier des françois auquel on l'avoit adressé, le fit enchâsser dans un cadre doré avec une inscription qui marquoit que la nation huronne nouvellement convertie à la foi, offroit ce présent à la Mère de Dieu. Messieurs les chanoines et les autres officiers de la Sainte maison de Lorette le reçurent avec beaucoup de marques d'admiration et de reconnoissance, et je ne doute point que la B. Vierge ne l'ait encore mieux reçu, puisque peu d'années après, elle me fit naitre l'occasion et les moyens de lui bâtir une Lorette dans les forêts de la Nouvelle France, à trois lieues de Québec. Ah! Mère de grâce! que ne suis-je capable de vous en rendre tous les jours des millions d'actions de grâces, surtout lorsque j'ai le bonheur d'y célébrer la Sainte Messe ! Oh ! s'il m'étoit permis d'exposer ici toutes les misères mêmes spirituelles dont votre miséricorde m'a retiré, on seroit excité sans doute et à vous en remercier pour moi, et à recourir à vous avec toute la confiance possible.

Six années après que nos néophites hurons eurent été établis à N. D. de Foye, le bois et la terre commençant à leur manquer, il fallut penser à transporter leur village plus loin de Québec, et plus avant dans les forêts. Eux-mêmes en choisirent le lieu sur notre Seigneurie de St. Gabriel (1). Alors la pensée me vint d'écrire les raisons que j'avois et pour lesquelles, à mon avis, on devoit bâtir là une chapelle sur le modèle de la Ste Maison de Lorette. Le Révérend P. Dablon, recteur du Collège de Québec et Supérieur de toutes nos missions en Canada, les ayant lues, approuva fort mon dessein, et en ayant communiqué avec nos Pères, ils conclurent tous à ce que l'on bâtît de briques une nouvelle Lorette dans la Nouvelle France. Notre Compagnie en a fait la dé-

---

(1) A la fin du dix-septième siècle, après la mort du P. Chaumonot, les Hurons durent se rapprocher encore de la forêt, et ils fondèrent à une petite distance un nouveau village nommé la *Jeune* Lorette. C'est là que se trouvent encore aujourd'hui, mais en bien petit nombre, les derniers descendants des Hurons chrétiens.

pense principale, quoique quelques particuliers y aient aussi contribué par leurs aumônes. Par exemple une personne dévote de France ayant été inspirée d'envoyer cent écus à la mission huronne, on les appliqua à ce St. Edifice. La Mère de la Nativité, Supérieure des Religieuses hospitalières de Québec, ayant appris de moi qu'à mon départ de Rome pour venir ici avec le P. Poncet, la Signora Portia Lancellotti nous avoit fait présent de 25 écus pour mettre la première pierre ou brique de la Ste Maison de Lorette qui seroit, un jour, bâtie dans ce nouveau monde, et qu'enfin cette somme seroit bientôt employée selon les intentions de la donatrice, elle voulut aussi en donner autant pour contribuer à une si bonne œuvre. Elle m'ajouta même qu'elle auroit bien voulu donner le double, mais que dans sa cassette où étoit l'argent qu'elle avoit en sa disposition, elle n'avoit plus que 75 livres. Cependant le lendemain l'ayant ouverte elle y en trouva 150 : ce qu'elle a pris pour un miracle dont elle a voulu que la Mère de Dieu profitât, en m'envoyant 50 écus au lieu de 25. Feu Mr. Bazile y a contribué pour le moins d'autant, et Mlle sa femme (1) laquelle est à présent madame la Major, ayant déjà donné un très bel ornement à

---

(1) En 1692, cette dame est devenue lieutenante de roi ; le roi ayant donné à M. Provost, son mari, cette charge pour reconnaître... (Le reste manque au manuscrit.)

N. D. de Foye, en a aussi fait faire un autre de même prix à peu près pour N. D. de Lorette. Mr. de la Chenaye a de même fait présent de deux grandes et belles lampes d'argent à ces deux chapelles, avec un parement complet pour la dernière. Mr. Hazeur et Mlle sa femme, Mlle Boisseau, plusieurs autres personnes ont pareillement beaucoup contribué à sa décoration. Mr. le Marquis de Denonville, gouverneur de la Nouvelle France et Mr. de Champigny intendant du même Canada, avec mesdames leurs femmes, qui les ont suivis jusqu'ici y ont fait aussi des présents dignes de leur rare piété.

Au reste, on travailla avec tant de diligence à bâtir cette chapelle de Lorette, que n'ayant été commencée que vers la St. Jean en 1674, elle fut ouverte et bénite la même année le 4 de Novembre. La Cérémonie s'en fit avec un grand concours de françois et de sauvages tant Hurons qu'Abnaquis, et après une procession qui alla jusqu'à un quart de lieue prendre l'image de la Ste Vierge, faite sur celle de la vraie Lorette, d'où on nous l'a envoyée. N. R. P. Supérieur chanta la grand Messe et fit un très beau sermon. Depuis ce temps-là on y vient de tous côtés en pélérinage; on y fait et on y fait faire des neuvaines, et les grâces qu'on y obtient par l'entremise de la Mère de Dieu, vont jusqu'au miracle. Comme il faudroit composer un livre entier pour décrire toutes ces faveurs extraordinaires, je n'en rapporterai que deux ayant été témoin oculaire de l'une et propre sujet de l'autre. A mon avis donc la plus miraculeuse guérison qui se soit peut-être jamais opérée, du moins dans ce nouveau monde, est celle d'une nommée Marie *Ouendraca,* huronne de nation et très fervente chrétienne. Son mari *Ignace Thsaoenhohi*, capitaine des hurons et deux de ses enfans, dont un n'avoit que cinq ans et l'autre étoit une fille nubile, Jeanne *Gaoendité,* étoient morts à N. D. de Foye, tous trois en opinion de Sainteté ; même le père et la fille encore plus glorieusement que le garçon. Quelques années après que la mission huronne se fut établie à Lorette, la bonne *Ouendraca* fut réduite à l'extrémité par une violente fièvre : de telle sorte qu'elle ne pouvoit plus remuer aucune partie de son corps. Nous n'attendions plus que le moment qu'elle expireroit, après lui avoir administré les derniers Sacrements de l'Eglise, lorsque j'appelai Jean *Atheiatha* et Thérèse *Ohérardegen* les deux enfans qui lui restoient. Je leur fis promettre que s'il plaisoit à la Ste Vierge de rendre la santé à leur mère, nous dirions eux et moi dans la chapelle neuf fois le chapelet de la Ste Famille. Ensuite, je me sentis inspiré d'y aller prier pour ma pauvre malade. Il n'y avoit tout au plus qu'un demi quart d'heure que j'y étois en oraison, lorsque sa fille vint me dire que sa mère me demandoit. J'y cours aussitôt, dans la pensée de faire pour la moribonde les prières de la recommandation de l'âme. J'entre dans la cabane et voilà qu'à mon arrivée mon agonisante se lève tout debout et me fait la révérence à la françoise. Je jugeai d'abord que la nature jouoit de son reste, ou que la violence du mal lui faisoit faire ses derniers efforts. Je la presse donc de se recoucher sur sa natte : elle me témoigne qu'elle sera aussi bien debout ou assise que couchée. Je lui fais de nouvelles instances; elle me répond qu'elle est guérie parfaitement : et comme elle vit que je prenois ses paroles pour des rêveries, elle me fit éloigner sa fille et son fils pour me dire en secret comment la santé lui avoit été rendue. Voici son discours : « Mon Père, un peu après que vous avez été sorti de ma cabane, deux personnes ont paru sur ma natte. J'ai vu l'une à mes pieds, l'autre à mon chevet. Celle-ci qui étoit une jeune femme, ou plutôt une grande fille, m'a dit : *Touchez seulement le bout de ma robe et vous serez guérie.* « Je n'ai garde, disois-je en moi-même, d'avoir tant de présomption que de m'imaginer que des bienheureux du Ciel soient envoyés pour me guérir, ce sont plutôt des démons qui voudroient me faire entrer en vanité. » Pendant que cette pensée m'occupoit l'esprit, la même passant le bas de ses vêtements par dessus mon visage, qui en fut touché : *Ma mère,* me dit-elle, *vous voilà guérie,* et au

— 77 —

même instant, elle disparut avec le petit garçon qui s'étoit mis à mes pieds. Alors je crus devoir m'assurer si ces deux personnes m'avoient rendu la santé. Je commence par remuer les bras, ensuite je me lève et puis je marche, je sors même dehors, et tout cela avec autant de facilité que si je n'avois point été malade, quoique je fusse aussi immobile qu'une pierre, un moment auparavant. Mes enfans, même Thérèse, qui est une femme mariée, et Jean qui est bien dans sa quatorzième année, ont été si étonnés de me voir revenue ainsi tout à coup qu'ils s'enfuyoient, comme si j'avois été un spectre. Je les rassure et j'ordonne à ma fille de vous appeler, afin que vous jugiez vous-même d'un évènement si extraordinaire. »

Son récit achevé, je ne fis nul doute que ses deux enfans morts en opinion de Sainteté, n'eussent été envoyés du ciel par la Sainte Vierge pour rendre la vie à celle qui la leur avoit donnée, puis qu'ils l'honoroient du nom de *Mère* en lui disant : *Ma Mère vous voilà guérie*. Elle fut de mon avis, et sur ce que je lui dis qu'il falloit remercier la Mère de Dieu, sa bienfaitrice : « C'est bien mon dessein : me répondit-elle ; je n'attendois que votre approbation pour le faire. » Là dessus elle se lève, marche d'un pas ferme, me suit à la chapelle, y prie Dieu, y assiste même au salut que nous fîmes et qui dura près d'une demi heure. Pendant tout ce temps là, elle se tint à genoux, sans s'appuyer, comme si elle n'eut point été malade. Je l'en repris après comme d'une indiscrétion en une personne qui ne faisoit que revenir d'une maladie mortelle, mais elle me répondit : « Je m'étonne que vous ne vouliez pas me croire que j'ai autant de forces que si je n'avois point été malade. » Non seulement tous nos sauvages de Lorette, mais même quelques françois qui y étoient, ont été témoins de ce miracle.

Celui qui suit m'est arrivé à moi-même. Le jour de St. Luc, en 1687, un peu après minuit, je fus attaqué d'une furieuse colique accompagnée de grands élancements que je sentois au bas ventre, comme si on m'y eut enfoncé de longues pointes d'alesnes. Ces douleurs m'étoient causées par une descente que j'ai depuis plusieurs années et qui ne m'avoit jamais tant fait souffrir que cette fois, ne la pouvant remettre à mon ordinaire. Enfin après bien du travail et encore plus de mal, il étoit déjà onze heures avant midi lorsque je fis réflexion que c'étoit la fête de St. Luc. Aussitôt je m'adressai à la B. Vierge, en lui disant seulement de la pensée et du cœur : « O Mère de Miséricorde ayez pitié de moi! Ordonnez à votre fidèle Secrétaire et à votre dévot chapelain St. Luc, qui étoit aussi médecin de profession, de faire ici un coup de son métier. » Il n'en fallut pas davantage. A l'instant je sentis mes boyaux remonter comme d'eux-mêmes, se remettre en leur place, et toutes mes douleurs s'évanouir ; de telle sorte je me levai, que j'allai à l'église et que je dis la Sainte Messe qui fut en action de grâce de ma guérison.

Il ne faut pas que j'oublie ici que le P. Poncet ayant repassé en France a eu soin de m'envoyer non seulement une Vierge faite sur celle de Lorette (ainsi que je l'ai déjà dit) mais aussi et une coiffe ou bonnet de taffetas blanc qui a été sur la tête de l'image laquelle est dans la Sainte Maison d'Italie ; et une écuelle de fayence faite sur la forme de celle du petit Jésus, à laquelle elle a touché, et de petits pains bénits qui ont été pétris dans les écuelles de la Sainte Famille, qu'on trouva, lorsque, pour rendre la Sainte chapelle ou maison plus commode, on en ôta le plafond, sur quoi l'on saura que toutes ces choses *ou même leurs semblables*, sont ici miraculeuses. Car en premier lieu, cette coiffe ou calotte ayant été prêtée à Mr. le curé de Chateau Richer pour un malade qui s'en trouva très bien après l'avoir mise sur sa tête. La personne qui nous la rapportoit la perdit, l'ayant laissé tomber en chemin, sans y prendre garde. Comme c'étoit en hiver et qu'il y avoit beaucoup de neige, et même qu'il faisoit assez grand vent, le papier dans lequel elle étoit fut emporté du chemin battu, au milieu des déserts où l'on ne passoit point. Cependant, un homme de devers Lorette, qui s'y en alloit, et qui avoit des raquettes sur son dos, fut inspiré de les mettre à ses pieds et de traverser par le milieu des champs, en quittant le chemin ferme, lorsqu'il fut vis-à-vis du lieu où le vent faisoit voltiger le papier et la coiffe qui étoient dedans ; à peine eut-il fait 50 pas en marchant par le milieu des champs, qu'il s'en aperçut. Il courut aussitôt après, et ayant ramassé le papier il reconnut facilement ce que c'étoit, et vint en diligence me l'apporter avec bien de la joie. 2°. Un jour que j'étois monté sur un marche-pied assez haut, d'où je montrois à des pélerins notre Sainte Ecuelle qui, comme je l'ai déjà dit, n'est que de fayence, elle m'échappa des mains et tomba à bas sur un plancher de bois sans se casser. Tous les asssistants et moi furent autant surpris que réjouis de la voir au même état après l'avoir ramassée, qu'elle étoit avant sa chute. En troisième lieu, comme à l'imitation des MM. de Lorette en Italie, nous faisions aussi pétrir par les Religieuses de Québec de petits pains dans cette même écuelle, et qu'après les avoir bénits nous en distribuons aux personnes qui en demandent, plusieurs s'en sont très bien trouvés dans leurs maladies, ne s'étant point servis d'autres rémèdes pour se faire passer des fièvres opiniâtres et violentes dont ils étoient travaillés.

Encore que toutes ces choses et plusieurs autres fussent capables d'exciter ici tout le monde à une grande ferveur, cependant, pour allumer de plus en plus le feu du divin amour, surtout dans le cœur de mes sauvages, je leur fis faire un collier de porcelaine semblable aux autres dont j'ai parlé, si ce n'est que sur celui-ci il y avoit écrit : *Virgini Pariturœ*, parce qu'il devoit être présenté à Nostre Dame de Chartres.

Tout le monde sait que l'image miraculeuse qu'en ont fait les anciens Druides et qu'on y révère encore à présent, a pour titre ces mêmes mots latins, que nous tournons ainsi en notre langue : « *A la Vierge qui doit enfanter.* » Notre présent y fut si bien reçu que non seulement toute la ville en témoigna une sensible joie, mais que Mrs Mrs les Chanoines de cette très-illustre Eglise nous en ont donné toutes les marques de reconnaissance que nous pouvions recevoir de leur magnificence et de leur piété. Les voici. Ils ont associé notre mission huronne de Lorette à leur vénérable corps, en rendant nos sauvages participants de toutes leurs prières, messes et dévotions, qui se disent ou se font dans leur église. Ils ont dressé un acte authentique de cette espèce d'adoption ou d'union spirituelle. Ils ont écrits à nos Néophites sur ce sujet une lettre très-belle et toute pleine d'un zèle apostolique (elle se trouvera dans l'Appendice). Ils ont fait aux mêmes un riche présent d'un grand reliquaire d'argent, très bien travaillé, pesant près de six marcs, ayant la figure de la chemise de N. D. qu'on garde à Chartres, et représentant d'un côté le mystère de l'Annonciation et de l'autre l'image de la Vierge qui tient son fils, telle qu'on l'a reçue des Druides. Enfin ils ont rempli ce reliquaire des os de plusieurs Saints dont ils ont les châsses, et ils nous l'ont envoyé après l'avoir laissé sur la sainte châsse neuf jours entiers pendant lesquels ils ont fait pour notre mission des prières extraordinaires.

CONTINUATION

DE LA

VIE DU P. PIERRE CHAUMONOT.

C'est ici que finit le récit que le P. Chaumonot lui-même a écrit de sa vie jusqu'en 1688, et auquel il ajoute encore des choses assez considérables, soit de sa manière d'oraison, soit des vertus de quelques sauvages dont il a eu soin ; mais pour ne pas interrompre l'abrégé de son histoire, nous ne mettrons qu'à la fin ce qui regarde ses vertus et celles de ses néophytes. Avant même de continuer cette narration qui doit contenir ce qu'il y a eu de plus remarquable dans les dernières années de sa vie, nous avertirons ici, que, pour suppléer à ce que le Père, en parlant de lui-même, a, ou omis tout à fait, ou touché en peu de mots, on peut consulter soit l'*Histoire du Canada,* par le Père du Creux, soit les *Relations* de la Nouvelle-France imprimées ou manuscrites.

Depuis l'année 1639, il a eu bonne part à tout ce qui s'est fait de bien dans le Nouveau-Monde, nommément dans les missions huronnes. Par exemple on verra, dans le P. du Creux (p. 257), comment le

22 de juillet 1639, le P. Chaumonot fut par miracle préservé d'un naufrage funeste, où il auroit péri en pleine mer avec les PP. Vimont et Poncet, avec trois mères Hospitalières, trois Ursulines et Madame de la Peletrie. Cette dame venoit fonder le couvent des Ursulines de Québec, et les hospitalières, envoyées par Madame la duchesse d'Aiguillon, leur fondatrice, venoient aussi s'établir en Canada.

On verra dans le même historien (pp. 425, 438). avec quel succès il a travaillé chez les Hurons, puisque le néophyte dont la foi est comparée par le Père du Creux à celles de Saint Louis, étoit disciple du P. Chaumonot, ainsi que nous le déclarons plus bas.

On y verra aussi qu'il a souffert les mêmes maux, couru les mêmes dangers, exercé les mêmes emplois et eu du moins la même part aux nombreuses conversions des Hurons que nos autres missionnaires, dont il est parlé dans le même auteur (pp. 492, 523, 583, etc.). C'est lui pareillement à qui appartient ce qui est dit dans la page 527, où il est rapporté que le P. Antoine Daniel, après son martyre, apparut à un des nôtres avec qui il avoit passé quelques années dans une grande union.

Le P. Chaumonot nous a quelquefois raconté, à la gloire de cet illustre confesseur de J.-C.; qu'il s'étoit fait voir à lui dans la gloire, à l'âge d'environ trente ans, quoiqu'il en eut près de cinquante, et avec les autres circonstances qui se trouvent là. Il y ajoutoit seulement qu'à la vue de ce bienheureux tant de choses lui vinrent à l'esprit pour les lui demander, qu'il ne savoit par où commencer son entretien avec ce cher défunt. Enfin, lui dit-il : « Apprenez-moi, mon Père, ce que je dois faire pour être bien agréable à Dieu. » « Jamais », répondit le martyr, « ne perdez le souvenir *de vos péchés*. » C'est ce que le P. Chaumonot a observé depuis, très-fidèlement, puisqu'il ne trouvoit point d'occasion de se confesser pour la première fois à quelque prêtre que ce fut, qu'il ne lui déclarât tous les plus gros péchés de sa vie. Et même tous les jours, il ajoutoit à l'accusation de ses nouvelles fautes la confession de quelques-uns des péchés qu'il avoit commis avant son entrée en religion.

Son confesseur ayant eu crainte une fois qu'il ne fit cela par scrupule, il lui répondit : « Mon Père, je ne suis point scrupuleux, grâces à Dieu ! mais je ne me confesse jamais de ce qu'il y a de plus criminel et de plus humiliant dans ma vie, que je ne ressente sur-le-champ un surcroît de grâces, de paix et de consolations dans mon âme : aussi ai-je encore autant de répugnance et de peine à faire ces sortes d'aveux de mes péchés et de mes misères, que la première fois que je m'en suis confessé. » Voilà sans doute bien profiter des visites des gens de l'autre monde !

Entre ces visites on ne doit pas oublier que lors qu'il demeuroit dans notre maison de Sainte-Marie, au pays des Hurons, Saint Ignace lui apparut la nuit durant son sommeil : « Notre cher Père », lui dit-il, « quel sujet vous amène ici ? » « J'y suis venu », répartit le Saint, « pour emmener au ciel deux de « mes enfants. » C'étoient deux de nos domestiques, qui s'étoient donnés à nous et consacrés pour toujours au service de nos missions. Il n'y avoit que deux jours qu'ils avoient été tués, l'un par un traître huron et l'autre par un de ses amis qui ne pensoit à rien moins. Nos autres serviteurs à qui le Supérieur jugea qu'on devoit faire part de cette apparition, ne furent pas peu encouragés à s'exposer avec nous, en considérant que saint Ignace les regardoit aussi comme ses enfans.

C'est le même père Chaumonot qui a eu après Dieu la meilleure part à tout le bien qui est dit des Hurons dans le livre neuvième du père du Creux (depuis la page 716 jusqu'à la 725e), où l'on voit en vérité une fidèle image de l'église primitive et où l'on donne à ce digne missionnaire le nom de Héchon. Ce mot signifie un arbre qui, quoique petit, est d'une très-grande utilité parmi les sauvages, même pour des remèdes ou des médecines. Le premier Jésuite qu'on a nommé Héchon, a été le très-illustre père Jean de Brebeuf, auquel le père Chaumonot ayant succédé, il a pris jusqu'au même nom : car c'est la coutume de nos barbares lorsqu'une personne considérable est morte d'en choisir une dans sa parenté, ou même d'en adopter une autre, pour la représenter, non-seulement en prenant son nom, mais aussi en entrant dans ses droits, et c'est ce qu'ils appellent d'ordinaire ressusciter un mort.

Voyez encore le livre dixième du père du Creux (depuis la page 748 jusqu'à la 794e, et les Relations de la Nouvelle-France, depuis l'année 1655 jusqu'en l'année 1657 inclusivement), et vous trouverez qu'il a prêché en apôtre l'Évangile aux Cinq Nations Iroquoises assemblées dans des Conseils publics, qui sont comme leur États Généraux (1). Vous trouve-

---

(1) Pour donner une idée de la manière dont le P. Chaumonot annonçait l'Évangile aux pauvres sauvages, nous transcrirons la courte allocution qu'il adressa aux cinq nations iroquoises réunies, pour traiter de la paix avec les Français et recevoir leurs présents.

Avant que le P. Chaumonot donnât l'explication des présents, « tous nos Peres et nos François se jetterent à genoux, mirent bas leurs chapeaux, et ioignirent les mains, entonnant à haute voix le *Veni Creator* tout au long ; ce qui surprit et rauit toute l'assistance, à laquelle nous fismes entendre que nous ne traitions d'aucune affaire importante, sans demander auparauant le secours de l'Esprit qui regit tout l'vniuers.

« Le Père Ioseph Chaumonot se leuant en suitte, expliqua huit ou dix presens faits pour adoucir les regrets de la mort de plusieurs capitaines, et pour faire reuiure dans la Foy de leurs enfants et de leurs amis quelques braues Chrestiens et Chrestiennes passées

rez qu'il a convaincu ces barbares de la vérité et de la sainteté de notre religion. Vous trouverez qu'il y a fait un bon nombre de conversions et de baptêmes : qu'il y a travaillé avec un zèle infatigable et qu'il y a souffert avec une constante intrépidité des persécutions fréquentes qui l'ont mis plusieurs fois en danger de sa vie.

Comme il possédoit en perfection les langues sauvages, nommément le Huron et l'Onnontagué, il a presque toujours eu le principal soin des missions

---

depuis peu de la terre au ciel. Il ioignit les Algonquins et les Hurons dans ses presens, pour ne faire qu'vn cœur et vn peuple auec toutes ces Nations...

« Enfin le Pere prenant vn ton de voix plus éleué et animant sa parolle, s'écria : Ce n'est point pour le commerce que vous nous voiés paroistre dans vostre pays, nos pretentions sont bien plus releuées : vos pelleteries sont trop peu de chose pour nous faire entreprendre vn si long voiage auec tant de trauaux et tant de dangers. Gardés vos castors si vous le trouués bon pour les Hollandois; ceux mesmes qui tomberoient entre nos mains, seroient emploiés pour vostre seruice; nous ne cherchons point les choses perissables; c'est pour la Foy que nous auons quitté nostre païs; c'est pour la Foy que nous auons abandonné nos parens et nos ami; c'est pour la Foy que nous auons trauersé l'Océan ; c'est pour la Foy que nous auons quitté les grands nauires des François pour nous embarquer dans vos petits canots; c'est pour la Foy que nous auons laissé de belles maisons, pour nous loger sous vos écorces; c'est pour la Foy que nous nous priuons de nostre nourriture naturelle et des mets delicieux dont nous pouuions iouïr en France, pour manger de vostre boüillie et de vos mets, dont à où il s'est trouvé et la principale partie des biens qui s'y sont faits. Il a formé plusieurs de nos missionnaires. Tous ceux mêmes des nôtres qui apprendront jamais le Huron l'apprendront à la faveur des préceptes, des racines, des discours et de plusieurs autres beaux ouvrages qu'il nous a laissés en cette langue. Les sauvages eux-mêmes avouoient qu'il la parloit mieux qu'eux, qui se piquoient la plupart de bien parler, et qui parlent en effet avec beaucoup de pureté, d'éloquence et de facilité.

---

peine les animaux de nostre païs voudroient gouster. Et prenant vn tres-beau collier de porcelaine artistement fait : c'est pour la Foy que ie tiens en main ce riche present, et que i'ouure la bouche pour vous sommer de la parolle que vous nous donnastes lors que vous descendites à Quebec pour nous conduire en vostre pays. Vous aués promis solemnellement que vous presteriés l'oreille aux parolles du grand Dieu; elles sont en ma bouche, écoutés-les, ie ne suis que son organe. Il vous enuoie donner aduis par ses Messagers, que son Fils s'est fait homme pour vostre amour ! que cet Homme, Fils de Dieu, est le prince et le maistre des hommes; qu'il a preparé dans les Cieux des plaisirs et des délices éternelles pour ceux qui obeïroient à ses commandemens, et qu'il allume d'horribles feux dans les enfers pour ceux qui ne voudront point receuoir sa parolle. Sa loy est douce : elle deffend de faire aucun tort ny aux biens, ny à la vie, ny à la femme, ny à la reputation de son prochain. Y a-t-il rien de plus raisonnable ? Elle commande de porter respect, amovr et reuerence à celuy qui a tout fait et qui conserue l'vniuers : vostre esprit est-il choqué d'vne vérité si naturelle ? Iesus-Christ qui est le Fils de celuy qui a tout fait, s'estant fait nostre frere et le vostre en se reuestant de nostre chair, a presché

Cet éminent talent pour les langues joint à une vertu encore plus éminente a plus que mérité au père Chaumonot le degré de profès des trois vœux. Quoiqu'il eut renoncé à l'étude de la théologie, notre révérend père Général le lui accorda de lui-même et ce fut à Québec en 1651 le 18 d'Octobre qu'il fit sa profession. Il l'auroit fait beaucoup plustôt, si l'éloignement des lieux et des troubles causés par la guerre dans le pays des Hurons ne l'avoient retardé de plusieurs années entières.

---

ces belles veritez, il les a fait peindre et escrire dans vn liure, il a ordonné qu'elles fussent portées par tout le monde : voila ce qui nous fait paroistre en vostre pays, voila ce qui ouure nos bouches; et nous sommes si certains de toutes ces veritez, que nous sommes prests de perdre nos vies pour les soustenir. Que si tu les rebute en ton cœur, qui que tu sois, Onnontagheronnon, Sonnontoueronnon, Annieronnon, Ofogoueronnon, Onneïoutchonnon, sçache que Iesus-Christ qui anime mon cœur et ma voix te precipitera vn iour dans les enfers. Mais preuiens ce malheur par ta conuersion, ne sois point cause de ta perte, obeïs à la voix du Tout puissant.

« Ces paroles de feu, et quantité d'autres semblables poussées d'vne vehemence toute chrestienne, ietterent vn tel estonnement dans ces pauures Barbares, qu'ils paroissoient tous transportez, la ioye et la crainte partageant leurs esprits. Et l'approbation fut si generale et si vniuerselle, qu'on eût dit qu'ils vouloient tous mettre le Pere dans leur cœur, ne sçachant quelle caresse assez grande luy faire. Les larmes tomboient des yeux de nos François voyant nostre Seigneur si magnifiquement annoncé en cette extrémité du monde. » (*Relation de* 1657.)

N'étant revenu des Iroquois qu'en 1657, il eut encore près de cinq ans de suite, le soin de la mission huronne refugiée à Québec et aux environs, ainsi qu'il est rapporté dans les relations de ce tems là. Ensuite en 1662, il fut envoyé à Montréal d'où étant revenu vers l'automne de 1663 il passa encore une année ou environ à Québec, soit à diriger des personnes françoises, soit à cultiver ses pauvres sauvages, jusqu'à ce qu'il allast en 1664 avec les Cinq Compagnies de soldats qu'on envoyoit en garnison au fort de Richelieu. Il eut beaucoup à souffrir dans cette mission militaire, mais il prit avec tant d'égalité, de patience et de douceur les croix qui lui arrivoient et qu'il se procuroit lui-même, que les officiers et les soldats eurent bientôt de l'admiration pour un homme qu'ils voyoient dans un continuel exercice de mortification, de charité et d'oraison. Il en fit presque tout ce qu'il voulut, en les portant à mener une vie reglée et chrétienne, à renoncer aux juremens et aux blasphêmes, à se conserver en paix les uns avec les autres et à fréquenter les sacremens. Il en gagna même entièrement à Dieu quelques uns qui quittèrent tout pour se consacrer au service de Notre Seigneur.

Le père Chaumonot passa dans cet emploi deux ans environ, puis il reprit ensuite le soin de ses chers Hurons, comme on le peut voir dans les

Relations du Canada, soit imprimées ou manuscrites depuis 1666 jusqu'en 1692 inclusivement, puisqu'il ne quitta que l'automne dernier cette mission qu'il a suivie pendant ces vingt-six années à Beauport, à Notre Dame de Foye, et à Lorette, c'est-à-dire, à une lieue, à une lieue et demie et à trois lieues de Québec. C'est pour cela que dans les Relations on lui donne des noms différents, tels sont ceux de la *Mission Huronne auprès de Québec*, de la *Mission Huronne de l'Annonciation de Notre-Dame*, de la *Mission de Notre Dame de Foye* et de la *Mission de Lorette*.

Deux raisons obligent les sauvages à changer ainsi de lieu, de tems en tems. La première est que comme ils ne fument point la terre elle n'est plus propre à porter du bled d'inde après six ou sept ans. La seconde est que comme ils brûlent beaucoup de bois dans leurs cabanes et qu'ils l'y portent sur leurs dos, lorsque la forêt est éloignée de leur bourg, ils la quittent pour s'en aller bâtir ailleurs dans le milieu des bois.

Or la vie que le père Chaumonot a mené durant tout ce tems là et dont plusieurs des nôtres ont été témoins étoit proprement partagée entre Dieu et le prochain. Dès les deux heures du matin, il se mettoit en prière et faisoit une méditation ou plutôt une contemplation de quatre ou cinq heures au moins :

ensuite si c'étoit l'hiver il faisoit sa lecture spirituelle et recitoit prime et tierce du divin office, ayant dit Matines et Laudes dès le soir précédent. Après cela il se disposoit à la sainte Messe, au milieu ou à la fin de laquelle il donnoit d'ordinaire quelques pratiques de dévotion à ses sauvages ou leur faisoit quelque courte exhortation. Les dimanches et les fêtes il prêchoit plus longtems et toujours avec beaucoup de zèle.

Un jour, il avoua à un de nos religieux qu'il ne parloit jamais de Dieu à ces pauvres barbares, et qu'il ne leur faisoit aucune instruction spirituelle dont il ne remarquât le fruit tôt ou tard.

L'été, il disoit sa messe après son oraison, afin que les personnes de sa mission puissent aller du matin à leur travail. En quelque tems qu'il la dist, il employoit une grosse demi heure à son action de grâces où il étoit tout pénétré de Dieu et ravi en lui. Une fois qu'un des nôtres l'en alla retirer après la demie, il lui dit confidemment : « Que vous m'auriez obligé de me laisser plus longtemps avec Notre-Seigneur, qui me régaloit si bien ! »

Après son action de grâces, il écoutoit les personnes qui le venoient trouver, et expédioit les affaires qu'on lui proposoit. Ensuite, s'il y avoit des malades, il les visitoit. Cependant celui des nôtres qui étoit sous lui pour apprendre le Huron faisoit le catéchisme aux enfans, dès aussitôt qu'il en étoit capable. Après quoi le père Chaumonot, de retour, lui faisoit une leçon d'environ une heure sur la langue. Cette leçon finie, s'il y avoit encore du tems jusqu'à l'examen qui précède le diner, il l'employoit à prier Dieu.

Il étoit si sobre et si mortifié dans ses repas que le Supérieur de toutes nos Missions de la Nouvelle-France, avoit donné charge à nos jeunes Pères, qui étoient sous le père Chaumonot de veiller à ce qu'il prit assez de nourriture et même s'il en étoit besoin de lui commander de manger et de boire ce qu'ils lui auroient présenté ; à quoi il se soumettoit sans réplique.

La récréation, lorsque les sauvages lui donnoient le loisir d'en faire avec les nôtres se passoit à s'entretenir ou sur quelques dificultés de la langue huronne, ou sur les choses qu'on auroit remarquées dans la mission et sur les moyens d'en éloigner le vice et d'y augmenter la ferveur.

Vers une heure après-midi, il se retiroit dans la chapelle, pour y visiter le Saint-Sacrement, y achever toutes les petites heures de son breviaire et y réciter son chapelet : ce qui étant fait, il visitoit un certain nombre de cabanes, dans lesquelles il racontoit quelque belle histoire, soit de la Bible, soit de la Vie des Saints. De là il retournoit à l'église prier mentalement et puis réciter Matines et Laudes pour le lendemain.

Vers le soleil couchant on sonnoit pour les prières du soir, lesquelles aux jours de fête, de dimanche et de jeudi, se commençoient par les saluts du très-saint Sacrement et le samedi par le Salut de la sainte Vierge. On y chante alternativement en latin et en sauvage ; les hommes et les garçons faisant le premier de ces deux chœurs et les femmes avec les filles le second, ce qui se pratique aussi aux grandes Messes et aux Vêpres, qu'on dit comme dans les paroisses de France les mieux réglées, jusque là que l'officiant y porte la chappe et que plusieurs garçons sauvages en soutane rouge et en surplis y servent d'enfans de chœur.

Le salut achevé, lorsqu'il y en a, on fait les cinq points de l'examen de conscience : on dit le chapelet, tantôt de la Vierge, tantôt de la Sainte Famille : on récite un assez bon nombre de prières vocales, comme entre autres le *Pater*, l'*Ave*, le *Credo*, le *Confiteor*, les Commandemens de Dieu et de l'Église, avec plusieurs oraisons pour le roi, les morts, leurs compatriotes, les françois, leurs bienfaiteurs, leurs ennemis, etc. On chante même quelques unes de ces prières avec quelque Hymne ou Antienne, soit de la Vierge, soit des mystères du tems : et on finit par l'*Angelus* qui se dit aussi et à midi et à une des messes pendant laquelle on fait les prières du matin. Le reste du tems s'employoit par le père ou à instruire ses sauvages, ou à les confesser ou à prier Dieu, ou à lire quelque livre ou à écrire, soit des cantiques, et des discours en huron, soit des réponses aux François qui le consultoient par lettre. Il avoit aussi soin de faire exactement tous les exercices de dévotion et de mortification qui se pratiquent dans nos collèges même par les plus fervents et par les plus robustes quoiqu'il eût un mal de tête habituel et que ses forces fussent presque ruinées par les excessives pénitences et par les trop grands travaux de sa jeunesse. Ainsi ses jours étoient des jours pleins pour parler le langage de l'Écriture et si son humilité ne lui avoit fait cacher autant qu'il a pu ses bonnes œuvres et même ses actions miraculeuses, il y en auroit de quoi en faire un gros volume.

Presque tout le monde sait icy qu'il a converti des personnes dont le salut sembloit estre désespéré : que d'autres par ses prières ont été délivrées de violentes tentations : que plusieurs ont été guéries de dangereuses maladies : que des maris et des femmes qui n'avoient point d'enfans en ont eu enfin par son intercession : que d'autres qui n'avoient que des filles ont obtenu des garçons, dans l'année même qu'ils ont employé sa médiation auprès de Dieu. Lui-même a été le sujet de plusieurs miracles, puisque sans répéter ce qui a déjà été dit de plusieurs guérisons extraordinaires dont le ciel l'a favorisé, il y a quelque dix-sept ans qu'étant monté dans un grenier pour en apporter lui-même du bled d'inde qu'un sauvage lui demandoit par aumône il tomba du haut en bas dans le dégré avec sa charge sans se faire mal ; quoiqu'il fût tombé la tête la première et que ses pieds se fussent engagés entre les échelons faits de bouts de planches. Tous ceux qui le virent ainsi renversé jugèrent que c'étoit un miracle qu'il ne se fut ou rompu les jambes ou cassé la tête ou même tué.

L'on n'a pas regardé comme une moindre merveille ce qui suit : Au commencement de l'année 1676 le P. Chaumonot ayant avec soi deux de nos Pères qu'il jugeoit capables de faire sa mission, se laissa aller au désir que son amour pour Dieu lui inspiroit depuis longtemps de quitter la terre pour le ciel. Emporté des mouvemens de cette ardeur il commença le neuviesme de Janvier une neuvaine en honneur de saint Joseph pour obtenir par sa médiation une prompte et bonne mort. Mais un des deux Pères lui ayant entendu parler de cette dévotion, en donna avis à leur Supérieur commun qui est le Recteur du Collège de Québec, afin qu'il vit lui-même s'il falloit laisser partir de ce monde le père Chaumonot. Ce sage supérieur récrivit aussitôt à celui-ci qu'au lieu de la neuvaine commencée pour avancer sa mort, il en fit une autre au même saint Joseph pour demander au moins dix ans de vie. Le

père obéit à cet ordre et jamais il ne se porta mieux que durant ces dix années, quoique sa santé depuis trois ou quatre ans fut beaucoup altérée, et même qu'elle eût été interrompue par de grandes maladies. Comme nous étions persuadés que saint Joseph l'aurait exaucé nous ne craignions rien pour lui pendant tout ce tems-là, et lorsqu'à Québec on eut appris sa chute du haut du grenier en bas, l'on dit aussitôt : « Il ne se sera pas fait grand mal ; saint Jo-
« seph le doit encore conserver quelques années. »

En 1689 s'étant trouvé dans cette ville au tems que venait de finir les cinquante années qu'il y avoit qu'il étoit prêtre, il y dit sa seconde première messe. M. de Bernières, doyen de la cathédrale de Québec, nous vint prier au nom de tout son chapitre que le père Chaumonot leur fit l'honneur de chanter cette messe à leur grand autel. On ne crut pas devoir refuser une offre si obligeante et la cérémonie s'en fit avec un très-grand concours de la ville et des environs, le jour de St. Joachim, Mr. Ango Des Mézerets, grand archidiacre, servit de prêtre assistant et Mr. Glandelet théologal y fit un fort beau sermon au sujet de cette messe jubilaire et du prêtre qui la célébroit. Il y eut beaucoup de communions, même des personnes de la première qualité. Mr. le Marquis de Denonville étoit lors Gouverneur du Canada et Mr. Bochard de Champigny, Intendant. Outre qu'il ne s'étoit point encore vu de cérémonie semblable dans la Nouvelle France, la seule estime que tout le monde y a de la sainteté du père Chaumonot, suffisoit pour y attirer une infinité de personnes.

Le deuxième jour d'après cette fête, le père s'en retourna à sa chère Lorette pour la fête de l'Annonciation, et il y a continué ses exercices de dévotion et ses emplois de charité jusqu'à l'automne de 1692. L'été de cette même année tout le Canada étant dans une très-grande désolation à cause d'une prodigieuse quantité de chenilles qui mangeoient les bleds et les foins, les François et les habitans de la paroisse de Lorette eurent recours au père Chaumonot. Il jugea que pour détourner ce fléau de Dieu, il falloit dire neuf messes à l'honneur de la sainte Vierge, et il les exhorta d'y assister; ce qu'ils firent avec beaucoup de ferveur. Et après la messe, ils portoient le père sur une éminence, d'où il bénissoit les champs et conjuroit les chenilles. Il fut exaucé dès le troisième jour et le reste de la neuvaine se continua en action de grâce d'un si signalé bienfait. L'automne suivant, on l'apporta ici malade. Cette maladie n'ayant pas été longue, il demanda vers la Toussaint, la permission de retourner à sa mission. On le remit d'abord jusqu'à la fête de l'Immaculée Conception de la Vierge, et ensuite parce que le tems et les chemins n'étoient pas propres jusqu'au second ou troisième jour de l'année 1693.

Cependant voici la vie qu'il menoit dans le collège. Dès les deux ou trois heures du matin, il étoit en contemplation jusqu'à huit heures qu'il disoit sa messe. A neuf heures il alloit par obéissance prendre quelque peu de chose et il retournoit aussitôt à la sacristie où il y a deux oratoires qui ont vue sur le grand autel. Là il recitoit Prime, Tierce, Sexte et None de son office. Ensuite il faisoit sa lecture spirituelle jusqu'à deux heures, que nous commençons ici notre examen de conscience. Après la récréation qui suit le repas, il faisoit ses stations dans notre église au grand autel, à la chapelle de la Vierge, et à celle de saint François-Xavier, dans la grande Congrégation de Notre-Dame, dans notre chapelle des infirmeries, qui est à l'honneur de la Sainte Famille. De là il retournoit au bas de l'église et y étoit assez longtems en prières sur le caveau où nos religieux sont enterrés. Il donnoit à cette dévotion le nom de visite qu'il rendoit *à ses bons et anciens amis.* Après qu'elle étoit achevée il alloit à la sacristie dire ses Vêpres, ses Complies et son chapelet, soit pour la commodité de ses yeux, soit par esprit de pauvreté pour épargner la chandelle, il disoit de jour ses Matines et ses Laudes du lendemain, après quoi il passoit le reste du soir en oraison mentale.

Le mois de Décembre il fit encore les exercices de saint Ignace : et toute la différence qu'on remarqua lors et dans ses autres retraites d'avec sa vie et sa conduite ordinaire, c'est qu'il ne se trouvoit point aux récréations avec les nôtres et qu'il ne parloit à aucune personne du dehors. Du reste il ne pouvoit être ni plus longtemps en prières, ni plus uni à Dieu.

Vers le commencement de cette année 1693 il fut obligé par la violence du mal qu'il souffroit de consulter les médecins sur sa maladie. Ils jugèrent que c'étoit une dysurie et une strangurie, parce qu'il ne pouvoit uriner que difficilement et avec de très-grandes douleurs. Comme depuis longtems il avoit un épiplocelle dont il ne s'étoit pas fait traiter, il ne recevoit aucun soulagement des remèdes, desquels on sert dans ces sortes de maladies.

Les derniers jours de sa vie la fièvre se joignit à ses autres maux. Il les a soufferts avec une résignation, une patience et une piété admirables. Son oraison jaculatoire étoit celle-ci : « *Fiat voluntas tua* ». Son occupation presque continuelle étoit d'unir ses douleurs à celles de son Jésus. Quoiqu'il fût plein de bons sentimens, il témoignoit agréer tous ceux qu'on lui suggéroit. Il répondoit avec beaucoup de prudence et de pénétration d'esprit à toutes les choses qui lui étoient proposées, même par les personnes de la première qualité dont il étoit visité.

Il ne cessa de dire la messe que quinze jours avant sa mort, et il communia encore très-souvent depuis. Le quinze de février il gagna le jubilé accordé par Notre Saint Père le pape Innocent XII, l'éloignement des lieux ayant été cause que nous l'avons eu si tard (et ouvert le 9 février 1693.) Le mercredi 18 du même mois, il reçut sur les six heures du soir le Saint Viatique et le lendemain on lui donna l'extrême-onction.

Il nous a extrêmement édifiés dans la réception de ces sacrements comme dans toute sa maladie durant laquelle il étoit toujours uni à Dieu et à Jésus souffrant. Il prenoit un singulier goût à entendre lire la passion de Notre-Seigneur, le sermon d'après la Cène, et les prières pour les agonizans. Il n'avoit pas moins de dévotion et d'ardeur à faire des actes de toutes les vertus, nommément les plus héroïques.

Cinq ou six jours avant sa mort, il dit au père Supérieur qu'il y avoit déjà quelques nuits qu'on l'avertissoit que sa fin étoit proche, et que pour signal qu'il falloit partir, on frappoit trois coups contre le dossier de son lit. Il est même probable qu'il connut qu'il mourroit un samedi; puisque plusieurs personnes le lui ayant dit, il a semblé approuver leur sentiment. Ce qui est plus assuré c'est que sa dévotion à saint Joseph l'ayant porté durant sa vie, à imiter ce digne époux de la Vierge, il souhoitoit de tout son cœur de ressembler au même dans sa mort, y étant assisté comme lui de Jésus et de Marie. L'avant veille de son trépas, il s'expliqua de ce désir à son confesseur et nous avons sujet de croire qu'il a été exaucé, puisque le jour de sa mort à sept heures et demie du matin un de nos domestiques qui le gardoit pendant que notre frère infirmier étoit allé à un autre malade nous a assuré qu'il se passa lors quelque chose de bien extraordinaire à l'égard du père Chaumonot. En voici le récit que nous en a fait cet homme de probité, mais trop tard pour que nous ayons pu en interroger le Père.

« Etant seul ce matin avec le feu père Chaumonot, je lui ai vu prendre tout à coup un visage riant et beaucoup plus serein qu'à l'ordinaire. Aussitôt il a tiré ses bras de dessous sa couverture, il s'est levé sur son séant, et il a fait plusieurs fois comme s'il eût embrassé tendrement quelques personnes bien chères. Ensuite en tenant sa vue fixement arrêtée vers le pied de son lit, il s'est écrié, Jésus, Marie, Joseph, et il a prononcé encore quelques autres paroles que je n'ai pas entendu distinctement ; mais je ne doute point qu'il n'ait vu ces trois adorables personnes et qu'il ne les ait prié de l'emmener au Ciel avec elles. »

Depuis ce tems là et même avant, il n'a pas marqué la moindre crainte de la mort ; au contraire, il y avoit plusieurs années qu'il la désiroit ardemment, et qu'il ne vivoit proprement que par obéissance, ainsi que nous l'avons déjà marqué. Dans ce parfait détachement de la vie où il étoit, il avoit une paix d'âme et une tranquillité inaltérable au milieu des douleurs très-aiguës qu'il a endurées avec toute la patience possible et jusqu'au dernier soupir.

Il a toujours eu le jugement très bon, et un libre usage de sa raison, jusqu'à la mort; de telle sorte, que tout le samedi matin, ayant ce semble redoublé sa ferveur à faire des actes de toutes les vertus, il se confessa encore vers une heure après midi et reçut l'absolution sacramentale. Il invoqua par trois fois Jésus et Marie, et il continua dans l'exercice d'une prière fervente et du saint amour jusqu'à une heure et demie, qu'il expira doucement dans la pratique actuelle des vertus qui l'avoient occupé pendant sa vie.

Comme il étoit dans une haute réputation de sainteté, on lui a rendu la plupart des honneurs, qu'on rend aux bienheureux après leur mort. On le visitoit en foule, on lui baisoit les mains, on prenoit de ses cheveux, on lui arracha même de ses dents. A peine pouvions-nous fournir à contenter les personnes qui nous demandoient de ses reliques, et sans parler de son crucifix, de son chapelet et de ses médailles et de ses images, qui furent distribués à nos deux évêques, à Mr. de Champigny, notre Intendant et à Madame sa femme et à quelques autres personnes de qualité, on a donné en petits morceaux sa robe et sa soutane presque toute entières. C'est aussi à qui aura de ses écrits, et on garde très-précieusement jusqu'aux plus petites lettres qu'on a reçues de lui.

Jamais en Canada l'on n'a vu tant de monde à aucun enterrement qu'au sien. Monseigneur de Saint-Vallier, notre évêque avec tous les messieurs de son chapitre et de son séminaire, Mr. le Comte de Frontenac, notre Gouverneur, Mr. l'Intendant et Madame l'Intendante, et tout ce qu'il y avoit de personnes considérables à Québec se trouvèrent à ses obsèques, aussi bien que le peuple. On y étoit même venu de deux et trois lieues loin et notre église, qui est grande pour ce pays, étoit pleine de monde de tout âge et de toute condition. Il s'y fit même un miracle en la personne d'une jeune Iroquoise de la Mission Huronne de Lorette.

Cette femme se nomme Jeanne Gasseoüaien. Depuis longtems elle avoit un si grand mal de jambe que pendant tout l'hiver, elle n'étoit presque pas sortie de sa cabane, tellement qu'on appréhendoit qu'elle ne fut obligée de demeurer couchée tout le reste de sa vie. Ayant appris la mort de son bon père spirituel, le père Chaumonot, et toutes les personnes du village étant déjà parties pour venir à l'enterrement de ce cher défunt, elle résolut de s'y trainer aussi, dût elle en mourrir en la peine. En effet elle pensa demeurer en chemin plusieurs fois. Mais sa foi et sa dévotion lui ayant donné des forces elle arriva enfin auprès du corps mort, où ayant fait sa prière au P. Chaumonot pour luy demander sa santé, elle se sentit exaucée. Ainsi le service étant fait, elle s'en retourna sans peine, sans se reposer en chemin et même sans s'appuyer. Depuis ce moment de sa guérison miraculeuse, elle agit comme si elle n'avoit jamais eu de mal.

Le jour de l'Annonciation qui s'est célébré cette année le 30 de Mars, une femme françoise étant allée à la Lorette du Canada, céla ses plus gros péchés en confession, mais le prédicateur ayant dans son sermon parlé du père Chaumonot, elle se sentit tout d'un coup bourrelée de l'horreur du sacrilege qu'elle avoit déjà fait et du sacrilege qu'elle étoit encore près de faire en communiant indignement.

Elle s'adressa donc en esprit au père Chaumonot et aussitôt elle fut portée à retourner à confesse et à découvrir tous ses crimes les plus secrets ce quelle fit avec tant d'humilité et de contrition que d'elle même elle s'offrit au confesseur d'en faire là et ailleurs une confession publique, ce que ce prêtre ne jugeant pas à propos, lui demanda seulement si elle agréeroit qu'à l'honneur du père Chaumonot on parlàt de cette grâce qu'il lui avoit obtenue : « Oui » répondit-elle, en lui déclarant son nom, afin qu'on la nommât, ce qu'il n'a eu garde d'accorder aux instances qu'elle en fit même avec beaucoup de larmes.

Le lendemain de son enterrement un françois de ses amis, priant sur sa fosse dans notre église et le conjurant de lui obtenir de Dieu la chose dont il avoit plus de besoin, se sentit tout-à-coup pénétré d'un grand et vif sentiment de contrition de ses péchés, qui lui dura presque tout le jour ; et il reconnut qu'il n'y avoit rien qui lui fut plus nécessaire.

Je pourrois rapporter plusieurs grâces et faveurs semblables, s'il ne nous étoit plus avantageux de connoitre ses vertus que ses miracles. Encore que le père Chaumonot ait eu toutes les vertus dans un très haut degré, en voici quelques-unes dans lesquelles il semble avoir excellé tout extraordinairement. La première et comme le fondement de toutes les autres, a été l'humilité, puisqu'outre les preuves que nous en avons déjà rapportées, il prenoit occasion de tout, de s'humilier. Il étoit rare qu'on le blamât et qu'on le reprît même en public ; mais il ne laissoit passer nulle occasion de faire connoitre à tout le monde qu'il n'étoit qu'un pauvre paysan, qu'il avoit été *débauché dans sa jeunesse* et qu'on le devoit regarder comme le dernier des Jésuites pour la science et pour la vertu. Il a souvent prié ses supérieurs et ses confesseurs d'user du pouvoir qu'il leur donnoit de manifester à quiconque les péchés et les défauts qu'il leur découvroit ou en se confessant à eux, ou en leur rendant compte de sa conscience. Il leur a même donné quelques fois ses fautes par écrit afin qu'ils les rendissent publiques. Comme il les jugeoit très-grièves, et qu'en cette vue il s'estimoit digne que Dieu l'en punit rigoureusement, il avoit cette pratique dans les maladies et dans les autres maux qui lui arrivoient ; il pensoit aussitôt aux péchés que la partie affligée lui avoit fait commettre, et il disoit à ceux qui le visitoient : « Per quæ quis peccat, per hæc et punietur. — C'est justement que je souffre en tel ou tel endroit de mon corps, qui m'a tant fait offenser Dieu. » — Il a toujours fui les charges, les honneurs et les louanges autant qu'il a pu et quoiqu'il ait été presque toujours Supérieur dans les missions où il a passé plus de cinquante ans, il paraissoit en toutes choses l'inférieur de ceux qui étoient sous lui ; tant il leur rendoit de déférence, et leur marquoit d'estime. Dans la vue de s'humilier, il prenoit le pire pour le vivre, le logement, les meubles et les habits. Il mettoit son plaisir à converser avec les pauvres, et à instruire les enfans. Lui-même, lorsqu'il écrivoit à des personnes de connoissance, signoit ainsi ses lettres ses billets, « le pauvre Héchon. » Et en effet il vivoit dans une extrême pauvreté et il pratiquoit cette belle vertu jusque dans les plus petites choses, de sorte qu'il auroit fait scrupule d'écrire dans un quart de papier ce qu'il auroit pu mettre dans un demi quart. Il s'abstenoit de manger ce qu'il jugeoit devoir être donné aux pauvres, et lui-même après le repas ramassoit jusqu'aux moindres restes et en faisoit ou du potage ou quelque ragout pour le leur donner. Et s'ils étoient malades il le leur portoit chez eux, en traversant le village la chaudière ou le plat à la main. Il estendoit les aumônes qu'il avoit en sa disposition avec autant de prudence que de libéralité, soit envers les François, soit envers les sauvages. La grande opinion de sainteté où il étoit ici et en France, portoit les personnes charitables à lui envoyer assez souvent de bonnes sommes, parce qu'on étoit persuadé que les libéralités qu'on vouloit faire ne pouvoient être en de meilleurs mains que dans les siennes. Plusieurs dans le Canada, reconnoissent devoir à ses charités la conservation de leur vie et de leur famille. Afin de les tirer plus efficacement de nécessité, un de ses principaux soins étoit de fournir aux pauvres de quoi ensemencer leurs terres, et de louer même des ouvriers pour cultiver les champs des malades et de personnes agées. Il y travailloit quelquefois lui-même pour encourager les autres par son exemple. En un mot il se faisoit tout à tous.

Mais ce qui lui gagnoit principalement le cœur

des François et des sauvages étoit une douceur inaltérable mesmes dans les occasions, ou malgré lui, il étoit obligé d'user de quelque sévérité pour la gloire de Dieu et pour le salut des âmes. Aussi étoit-il comme une vraie mère en qui l'on avoit une entière confiance, même après l'avoir offensé. Jamais l'on n'a remarqué qu'il eût le moindre ressentiment des mauvais traitemens qu'on lui a faits dans une infinité de rencontres surtout parmi les infidèles. Au contraire plus on l'a chargé de coups et d'injures, plus il a eu de tendresse et de cordialité pour ses persécuteurs. Quoiqu'il fût presque continuellement importuné des sauvages qui venoient par plusieurs fois l'interrompre coup sur coup, et souvent sans sujet, il les écoutoit patiemment et il leur répondoit avec tranquilité, de sorte qu'il les renvoyoit toujours contens.

Il n'étoit austère qu'à lui-même, et ses pénitences excessives lui ont causé la plupart de ses maladies. Dès avant son entrée en religion, il avoit pratiqué tant de jeûnes et d'autres mortifications qu'il s'est lui-même étonné comment son corps avait pu résister. Sa vie a été encore plus crucifiée dans les premières années qu'il a passées dans les maisons de la Compagnie de Jésus et dans les missions de la Nouvelle France. Il a fallu que ses Supérieurs lui aient fait plusieurs défenses sur ce sujet et lui aient donné des personnes qui le veillassent pour modérer les excès de cruauté qu'il exerçoit sur son corps, par des disciplines de fer, par des ceintures armées de pointes, par des haires et des cilices très-rudes et par des abstinences presque continuelles. Cependant ces mortifications du corps étoient beaucoup moindres que celles de son esprit et de ses passions. Il avoit tellement dompté la nature et il s'étoit fait une si grande habitude de se mortifier en toutes choses que ce lui étoit une sensible peine, lorsqu'il étoit empêché de suivre son attrait pour les croix : attrait qui lui a fait demander les missions du Canada, comme les plus difficiles et les plus crucifiantes de toutes : attrait qui lui a fait chercher une infinité de fois le martyre : attrait qui lui a fait souffrir même avec joie les rebuts et les affronts, les persécutions et les calomnies, les coups et les plaies : de telle sorte qu'on peut dire véritablement de lui que si le martyre lui a manqué, il n'a pas manqué au martyre.

De là on peut juger quel a été son amour pour Dieu. L'on peut encore en juger par son vœu de chercher en toutes choses la plus grande gloire de Notre-Seigneur. Et quoique son humilité l'ait porté à croire qu'il ne l'a pas gardé assez bien, nous sommes témoins qu'il a eu une constance et une fidélité admirables à rapporter ses paroles, ses actions et ses desseins à glorifier Dieu de son mieux. C'est ce qui paraissoit très-sensiblement dans la part qu'il prenoit aux bons et aux mauvais succès de la religion.

Les dernières années de sa vie, ayant appris la ligue de plusieurs princes même catholiques avec les hérétiques, il n'est pas croyable combien il a fait de vœux, de prières et même d'associations avec des personnes dévotes pour obtenir de Dieu que la vérité, l'Église et la piété triomphassent de l'erreur, du schisme et de l'impiété. Il ne pouvoit entendre sans une extrême horreur, qu'en quelque lieu que ce fût, il se fut commis quelque sacrilége, ou fait quelque profanation. Au contraire il avoit une joie indicible d'apprendre les nouvelles qui estoient avantageuses à la religion. Il semble qu'il n'étoit sensible qu'à ce qui étoit pour ou contre Dieu, et les saintes affections de son cœur étoient si fortes là-dessus, qu'elles duroient des années entières, avec des goûts spirituels et de si doux transports de son âme, que lui-même n'en pouvoit expliquer que la moindre partie. Durant quatorze ans il a été occupé d'un continuel et très-ardent désir de procurer des enfans spirituels à la Mère de Dieu, pour donner des frères au fils de Dieu. Un désir du moins aussi constant et aussi fort de voir Dieu honoré par tous dans l'Eucharistie le tenoit comme attaché aux pieds des autels. Et c'étoit avec des lumières du ciel tout extraordinaires et avec de très-grands transports d'amour qu'il contemplait l'honneur infini que Jésus rend pour nous à son Père dans le mystère de nos autels. Quoiqu'il ait eu dès son noviciat, un très-sublime don de contemplation et de présence de Dieu, cependant on peut dire qu'il étoit habituellement dans un état d'oraison affective, laquelle lui faisoit trouver du goût à produire pendant des semaines, des mois, et des années toutes sortes d'actes de vertu, sur une vérité qu'il avoit ou pénétrée par spéculations, ou plutôt reçue du ciel par révélation. Mais on connoitra mieux quelle étoit la disposition de son cœur et quelles étoient ses pratiques dans ses exercices spirituels par ce qu'il en a marqué lui-même à son confesseur. (Nous verrons plus loin cet écrit.)

LETTRES

DU

PÈRE PIERRE CHAUMONOT.

Les huit lettres que nous donnons à la suite de la vie du P. Chaumonot la complètent par des détails fort intéressants. La première peut suppléer à la lacune indiquée dans son autobiographie (p. 37), et la dernière (dont nous conservons l'autographe), adressée au P. Grasset, montre dans tout son éclat la piété du vénérable missionnaire.

I

LE PÈRE PIERRE CHAUMONOT, AU TRÈS-RÉVÉREND PÈRE MUTIO VITELLESCHI, GÉNÉRAL DE LA COMPAGNIE DE JÉSUS, A ROME. (*Traduite de l'italien sur l'original conservé à Rome.*)

Kébec, le 7 août 1639.

Mon Très-Révérend Père,

Pax Christi.

Le premier août je suis arrivé en la Nouvelle-France avec les PP. Vimont et Poncet et un de nos Frères coadjuteurs, après trois mois d'une navigation très-fâcheuse, à cause des brouillards qui nous ont environnés pendant trois semaines, avec danger de naufrage contre les énormes glaçons qui flottent sur ces mers. Le vaisseau du commandant de la flotte allait se heurter contre un de ces blocs de glace; le jour de la Sainte-Trinité, pendant qu'on disait la messe, quand un des marins, en se promenant sur le pont, aperçut, malgré l'épaisseur du brouillard, l'éclat de la glace qui n'était plus qu'à deux brasses, et s'écria : Miséricorde, miséricorde! Nous sommes tous perdus. Le P. Vimont fit vœu de dire deux messes, l'une en l'honneur de la sainte Vierge, l'autre en l'honneur de saint Joseph, s'ils nous préservaient de ce péril. Et voilà qu'au même instant le vent, changeant subitement de direction, nous fit éviter, comme par miracle, ce danger imminent. Les plus habiles pilotes conviennent que cela n'a pu se faire naturellement avec tant de rapidité, et que si ce revirement n'eût pas eu lieu à ce moment précis, nous étions perdus sans ressource.

Je ne puis encore rien décrire à Votre Paternité sur ce qui regarde le pays que je n'ai pas eu le temps d'étudier; mais l'année prochaine, je compte bien me dédommager de ce silence forcé.

Quatre d'entre nous iront dans le pays des Hurons, les PP. Pijart, le Mercier, Poncet et moi. Ceux qui reviennent de chez les sauvages nous assurent de leurs dispositions à recevoir la foi. Plaise à

Dieu faire de son serviteur un instrument capable de mener à bien une si difficile entreprise!

Je conjure Votre Paternité de m'accorder le secours de ses prières et saints sacrifices.

Je suis, de Votre Paternité, l'indigne serviteur en Notre-Seigneur,

Joseph-Marie Chaumonot.

De Kébec, le 7 août 1639.

II

LE PÈRE PIERRE CHAUMONOT, AU TRÈS-RÉVÉREND PÈRE MUTIO VITELLESCHI, GÉNÉRAL DE LA COMPAGNIE DE JÉSUS, A ROME. (*Traduite de l'italien sur l'original conservé à Rome.*)

Du pays des Hurons, 24 mai 1640.

Mon Très-Révérend Père,

Pax Christi.

Le 10 de septembre 1628, j'arrivai dans le pays des Hurons en la Nouvelle-France, après une navigation de trois mois très-pénible et très-dangereuse, qui fut suivie d'un voyage d'un autre mois sur les rivières, les lacs et à travers les forêts.

Nous sommes ici treize Pères, tous Français, avec quelques jeunes gens qui se donnent à nous pour le soin du temporel, et qui nous tiennent lieu de frères coadjuteurs. Notre manière de vivre paraîtra en Europe très-étrange et très-pénible, mais nous la trouvons fort douce et fort agréable. Nous n'avons ni sel, ni huile, ni fruits, ni pain, ni vin, excepté celui que nous gardons pour la messe. Toute notre nourriture se compose d'un grand plat de bois rempli d'une espèce de soupe faite de blé d'Inde, écrasé entre deux pierres ou pilé dans un mortier, et assaisonnée avec quelques poissons fumés. Notre lit est la terre, couverte d'une écorce d'arbre ou tout au plus d'une natte.

L'étendue de notre mission comprend cette année trente-deux bourgs ou villages, dans lesquels il ne reste pas une seule cabane où l'Évangile n'ait été annoncé. Beaucoup de sauvages ont reçu le baptême. La plupart, victimes d'une épidémie qui a ravagé tout le pays, sont au ciel, nous l'espérons. Cette maladie a été l'occasion de bien des calomnies et de persécutions excitées contre nous sous le prétexte que nous étions les auteurs du fléau. Toutefois aucun de nous n'a péri dans cette tempête, bien que quelques-uns aient été bâtonnés et que d'autres aient vu la hache levée sur eux, et bien près de leur tête.

Nous avons tous besoin du secours de vos prières : c'est pourquoi nous nous recommandons humblement à vos saints Sacrifices.

Je suis, de Votre Paternité, le très-indigne serviteur et fils en Notre-Seigneur.

Joseph-Marie Chaumonot.

Du pays des Hurons, le 24 mai 1640.

III

LE PÈRE PIERRE CHAUMONOT AU RÉVÉREND PÈRE PHILIPPE NAPPI, SUPÉRIEUR DE LA MAISON PROFESSE A ROME. (*Traduite de l'italien sur l'original conservé à Rome.*)

Du pays des Hurons, 26 mai 1640.

Mon Révérend Père,

Pax Christi.

Je ne pourrai jamais remercier assez la divine bonté de la faveur qu'elle m'a faite, en me conduisant à travers tant de dangers, dans le lieu le plus favorable qui soit au monde, pour perfectionner un religieux. Je dois en faire part à Votre Révérence, afin qu'elle veuille bien m'aider à en remercier le bon Dieu. L'année dernière, j'ai écrit que, après trois mois d'une navigation très-pénible, je suis arrivé dans la Nouvelle-France, mais qu'il me fallait encore m'avancer trois cents lieues plus loin dans le désert. Voici le récit de ce voyage.

La veille de saint Laurent, je m'embarquai dans un canot de sauvages Hurons (ainsi s'appelle ce peuple) sur la grande rivière qui porte le nom de ce glorieux martyr; dans quelques endroits, elle est large de dix, treize, vingt lieues. Pendant cent lieues de son cours, ses eaux sont salées et le flux et reflux s'y font sentir : aussi est-elle sujette, vu sa largeur, à des tempêtes, comme l'Océan.

Le P. Poncet s'embarqua en même temps que moi ; mais quatre jours après le départ, nous fûmes obligés de nous séparer, laissant notre premier canot pour monter séparément dans deux autres. Nous devions cependant aller de compagnie, de telle sorte que, presque chaque soir, nous nous trouvions ensemble pour souper et passer la nuit, avec les conducteurs de nos canots d'écorce, et souvent même nous avons la grande consolation de dire la sainte messe, le matin, avant de partir ; mais ce fut la seule pendant tout le voyage, qui fut de trente jours pour moi et de trente-deux pour le P. Poncet : voyage on ne peut plus laborieux.....

Arrivé au but de ce voyage, je trouvai onze de nos Pères, distribués dans trois Résidences pour être plus près des bourgs importants, qu'ils veulent instruire et civiliser. Nos habitations sont d'écorce, comme celle des sauvages, sans divisions intérieures, excepté pour la chapelle. Faute de table et d'ustensiles de ménage, nous mangeons par terre et nous buvons dans des écorces d'arbres. Tout l'appareil de notre cuisine et de notre réfectoire consiste dans un grand plat de bois, plein de *sagamité*, à laquelle je ne vois rien de plus semblable que la colle qui sert à tapisser les murs. La soif ne nous gêne guère, soit parce que nous ne nous servons jamais de sel, soit parce que notre nourriture est toujours très-liquide. Pour moi, depuis que je suis ici, je n'ai pas bu en tout un verre d'eau, quoiqu'il y ait déjà huit mois que je sois arrivé. Notre lit est formé d'une écorce d'arbre, sur laquelle nous mettons une couverture, épaisse à peu près comme une piastre de Florence. Pour les draps, on n'en parle pas, même pour les malades. Mais la plus grande incommodité, c'est la fumée qui, faute de cheminée, remplit toute la cabane et gâte tout ce qu'on voudrait garder. Quand certains vents soufflent, il n'est plus possible d'y tenir, à cause de la douleur que ressentent les yeux. En hiver nous n'avons pas la nuit d'autre lumière que celle du feu de la cabane, qui nous sert pour réciter notre bréviaire, pour étudier la langue et pour toute chose. Le jour, nous nous servons de l'ouverture laissée au haut de la cabane, et qui est à la fois cheminée et fenêtre. Voilà la manière de vivre dans notre résidence; pour celle que nous gardons quand nous allons en mission, Votre Révérence doit savoir d'abord que, quoique ces sauvages observent entre eux certaines règles d'hospitalité, avec nous ils ne les observent pas. Nous sommes donc obligés de porter avec nous quelques petits couteaux, des aleines, des bagues, des aiguilles, des pendants d'oreille et choses semblables, pour payer nos hôtes.

Nous portons en outre une couverture en guise de manteau, qui sert à nous envelopper la nuit.

La manière d'annoncer la parole de Dieu aux sauvages n'est pas de monter en chaire et de prêcher sur une place publique; il nous faut visiter chaque cabane en particulier, et auprès du feu, exposer à ceux qui veulent nous écouter les mystères de nòtre sainte foi. Ils n'ont en effet aucun autre lieu de réunion pour traiter leurs affaires, que la cabane de quelqu'un de leurs capitaines.

Je ne me serais jamais imaginé une dureté comme celle d'un cœur sauvage élevé dans l'infidélité. Quand ils sont convaincus de la folie de leurs superstitions et de leurs fables, et qu'on leur a prouvé la vérité et la sagesse de la foi, il faudrait, pour achever de les gagner, leur promettre que le baptême leur donnera prospérité et longue vie, ces pauvres gens n'étant sensibles qu'aux biens temporels : cela ne vient pas de stupidité; ils sont même plus intelligents que nos campagnards, et il y a certains capitaines, dont nous admirons l'éloquence, acquise sans beaucoup de préceptes de rhétorique. Leur obstination dans l'infidélité est produite par la difficulté qu'ils croient trouver dans l'observation des commandements et surtout du sixième.

Le petit nombre de fidèles, que Notre-Seigneur s'est choisi, est une preuve de ce que peut la grâce dans les cœurs les plus barbares de la terre. J'en connais un qui, cette année, au moment où les hostilités contre la religion étaient plus vives, n'a pas craint de parcourir en apôtre presque tous les villages. Il allait dans les assemblées et les conseils des capitaines, lorsqu'ils traitaient quelque affaire, et blâmait hardiment leurs folies. Il exaltait la solidité de la doctrine que les robes noires (c'est ainsi qu'ils nous appellent) étaient venus leur enseigner, protestant qu'il était prêt à donner sa vie pour la défendre. Ses auditeurs applaudissaient alors à ses discours ; mais ils n'embrassaient pas pour cela la vérité, qu'ils reconnaissaient. Ce même Sauvage demanda à faire les exercices, et il en profita si bien, que le Père, qui lui donnait les méditations, en était étrangement émerveillé. Si on écrit dans la Relation française ses réflexions spirituelles, elles pourront servir de leçon, même aux religieux les plus pieux et les plus fervents. Il avait dans sa famille une nièce, attaquée de je ne sais quelle maladie, qui, la nuit, lui faisait pousser des cris effrayants, comme si elle avait vu quelque spectre. Pour la délivrer, il lui mit au coup son chapelet, en lui disant : « Rappelle-toi que tu es chrétienne, et « que tu n'appartiens plus au démon, et fais le « signe de la croix. » Elle le fit, et à partir de ce moment, elle n'a plus été tourmentée de semblable mal.

Il serait trop long de raconter tous les exemples héroïques de constance que ce Sauvage et quelques autres de nos convertis, bien qu'en petit nombre, nous ont donnés. Mais c'en est assez pour montrer à Votre Révérence que Dieu ne refuse pas sa grâce, même aux plus sauvages des hommes, et que ces peuples sont capables de recevoir la doctrine de l'Évangile, malgré la très-grande difficulté qu'il y a à l'expliquer, à cause de la pauvreté de la langue : car ils n'ont ni vignes, ni troupeaux, ni tours, ni villes, ni sel, ni lampes, ni temples, ni maîtres d'aucune science ou art. Ils ne savent ni lire ni écrire, et nous avons beaucoup de peine à leur faire comprendre les paraboles qui sont sur ces matières dans le saint Évangile. Il est vrai que ce défaut et cette pauvreté de leur langue n'a jamais été cause du retard de leur conversion : car les Pères qui savent leur langue leur font assez bien connaître ce qui est nécessaire pour le salut, sans se servir de ces comparaisons.

L'hiver dernier, il n'y a pas eu une seule cabane dans nos trente-deux bourgs, où la parole de Dieu n'ait été portée ; mais les fruits ont été plus grands pour l'Église triomphante que pour l'Église militante. Comme il régnait une maladie contagieuse qui n'épargnait ni âge ni sexe, tout notre soin était de catéchiser les malades, pour leur donner à la fin de leur vie un passe-port pour le ciel. Le plus grand nombre de ceux que cette maladie a enlevés, après le saint baptême, étaient les petits enfants....

Des Sauvages ont tenu plusieurs assemblées très-nombreuses pour aviser aux moyens de nous forcer à quitter le pays. Beaucoup de capitaines ont voté notre mort ; mais pas un n'a osé s'en faire l'exécuteur, et jusqu'à présent Dieu nous a préservés de leurs coups. Pendant tout l'hiver nous nous attendions chaque jour à apprendre la mort de quelqu'un de nos missionnaires, et chaque jour, en disant la sainte messe, nous faisions la communion, comme devant nous servir de viatique. Tout s'est borné à quelques coups de bâton, et au chagrin de voir renverser les croix que nous avions dressées, et réduire en cendres une de nos cabanes. Un seul des nôtres a vu couler son sang, *sed non usque ad mortem*....

Quand nous visitons ces pauvres gens, s'ils n'arrivent pas à temps pour nous fermer la porte au nez, ils se bouchent les oreilles et se couvrent la figure de peur d'être ensorcelés. Tout cela nous donne beaucoup d'espérance qu'un jour la foi fleurira dans cette malheureuse terre, puisque les persécutions, dont Dieu se sert pour l'établir et la cultiver, ne nous font pas défaut.

La moisson promet beaucoup, non pas seulement à cause du nombre de nos Sauvages, mais parce qu'il y a bien d'autres nations répandues dans ces immenses solitudes. Nous connaissons déjà les noms de plus de vingt, qui sont dans la direction de la mer du Nord, toutefois peu considérables : on nous fait espérer qu'au delà nous trouverons des contrées plus peuplées. Pour y arriver il faudra souffrir encore plus que nous ne l'avons fait pour venir ici.

Avant de finir, je veux raconter à Votre Révérence quelques faits extraordinaires arrivés cetts année. Un pauvre homme, baptisé dans sa maladie, ayant recouvré la santé, fut attaqué d'une fluxion qui le priva de la vue. Un de nos Pères, le félicitant un jour d'avoir échappé à la mort, eut pour réponse que maintenant la vie était pour lui un fardeau, puisqu'il était aveugle. Le Père lui lava les yeux avec de l'eau bénite, en disant : « Que le Père, le Fils, et le Saint-Esprit, en qui tu crois, te guérissent », et au même moment la fluxion cessa, et le lendemain la vue lui fut rendue complétement.

— Une femme n'ayant pas voulu se soumettre à certaines superstitions, fut frappée de cécité par le démon, pour la punir. Le même Père l'engagea à mettre sa confiance en Dieu, et à se laver avec de l'eau bénite, et elle recouvra parfaitement la vue.

Un jeune homme, ayant été à la pêche avec son jeune frère et quelques autres, fut attaqué par les ennemis de leur nation. Comme il craignait plus la mort de son jeune frère que la sienne, il le couvrit de son corps, le protégeant ainsi contre les coups qu'il reçut lui-même. On le ramena demi-mort à son village. Un de nos Pères s'y trouvait. Voyant qu'il était sans mouvement et sans parole, il ne pouvait pas l'aider à bien mourir. Malgré cela, il ne perdit pas courage, et fit vœu de quelques messes en l'honneur de saint François-Xavier, pour le soulagement de ce pauvre infidèle. Au même moment la langue du moribond se délie, ses yeux s'ouvrent, et, regardant le ciel, il s'écrie : « *Aondechichiai Taitene*. Toi qui as fait la terre, aie pitié de moi. » Aussitôt le Père l'instruit, le baptise, et il mourut peu après. — Un autre jeune homme avait, je ne sais par quel dépit, mangé une racine vénéneuse pour se donner la mort, et il était déjà tourmenté par la violence du poison quand il vint à notre cabane. Rendu là, il se jette à terre, en écumant, avec tous les signes d'une mort prochaine. Interrogé sur la cause de son mal, pour toute réponse, il présente le reste de la racine qu'il avait mangée, en disant de la montrer à ses parents après sa mort. Nos Pères, avertis par quelques Sauvages que ce poison était mortel, s'empressent d'instruire au plus vite ce malheureux, et le baptisent, après avoir pris toutes les précautions nécessaires, quand il s'agit du baptême des adultes. Environ une demi-heure après, il mourut en chemin, pendant que ses parents le reportaient à sa cabane. — Un homme, attaqué par la contagion et voyant l'inefficacité des remèdes des médecins du pays, c'est-à-dire des sorciers (vrais ou faux), se donna plusieurs coups de couteau dans la poitrine. Un des Nôtres entre alors par hasard dans sa cabane, et aussitôt celui-ci l'appelle et lui demande le baptême. Le Père le catéchise et le baptise sans tarder. Le nouveau chrétien lui dit : « Ne crois pas que j'aie demandé le baptême dans l'espérance de prolonger ma vie, puisque je suis presque déjà mort ; regarde mes blessures, et vois s'il est possible d'échapper ; ce n'est que l'espérance du ciel qui m'a poussé à me faire baptiser. » Le Père l'engagea à faire un acte de regret de s'être donné la mort. Peu de temps après il mourut.

Nos Sauvages prirent, il n'y a pas un mois, un de leurs ennemis ; mais, avant d'être mis à mort, il fut baptisé par un des Nôtres, qui venait par hasard d'arriver dans le village. Pendant que les Sauvages tourmentaient ce captif, il chantait qu'il devait aller au ciel. Je voudrais pouvoir décrire les supplices qu'ils font souffrir à ceux des ennemis qui tombent entre leurs mains ; mais il n'est pas possible de voir en ce monde quelque chose qui représente mieux la manière dont les démons tourmentent les damnés. Dès qu'ils ont fait un prisonnier, ils lui coupent les doigts des mains, ils lui déchirent avec un couteau les épaules et le dos, ils le garrottent avec des liens très-serrés, et le conduisent en chantant et en se moquant de lui, avec tout le mépris imaginable. Arrivés à leur village, ils le font adopter par quelqu'un de ceux qui ont perdu leur fils à la guerre. Ce parent simulé est chargé de caresser le prisonnier. Vous le verrez venir avec un collier en fer chaud, et lui dire : « Tiens, mon fils, tu aimes, je crois, à être bien orné, à paraître beau. » En le raillant ainsi, il commence à le tourmenter depuis la plante des pieds, jusqu'au sommet de la tête, avec des tisons ardents, avec la cendre chaude, en perçant ses pieds et ses mains avec des roseaux ou des pointes de fer. Quand la faiblesse ne permet plus au captif de se tenir debout, on lui donne à manger, et puis on le fait marcher sur les charbons de plusieurs brasiers placés en rang. S'il est épuisé, ils le prennent par les mains et les pieds, et le portent sur ces brasiers. Enfin ils le conduisent hors du village, et le font monter sur une estrade pour que tous les Sauvages, le voyant dans ce pitoyable état, puissent satisfaire la rage de leur cœur. Au milieu de tous ces supplices, ils l'invitent à chanter, et le patient chante afin de ne pas passer pour lâche. Très-rarement ils se plaignent de la cruauté qu'on exerce sur eux. Pour couronner toute cette rage infernale, ils enlèvent la peau de la tête à ces infortunés. Après leur mort, ils mettent leurs corps en pièces, et ils donnent aux principaux capitaines le cœur, la tête, etc. Ceux-ci en font présent à d'autres pour assaisonner leur soupe et pour s'en nourrir, comme si c'était la viande de quelque cerf ou autre animal sauvage.

Nous courons maintenant le danger d'être pris et traités de la même manière que les Hurons, avec qui nous vivons : car nous passons chaque année, soit en descendant à Québec, soit en remontant, par les lieux mêmes, où les ennemis de nos Sauvages sont à l'affût pour les saisir dans leur voyage; et il n'y a pas d'année où plusieurs Hurons ne soient pris ou tués, comme je viens de dire.

V. R. voit par là que nous avons besoin de secours spirituels pour être à l'abri de tant d'ennemis domestiques et étrangers, visibles et invisibles, que nous rencontrons au milieu de ces peuples féroces.

Je devais écrire à beaucoup de Pères qui sont dans votre Province; mais le papier et le temps me manquent. C'est pourquoi je conjure V. R. de suppléer à ce silence, en montrant la présente à ceux qui demanderont de mes nouvelles, mais surtout à Notre T. R. P. Général et au P. Assistant de France, à qui j'adresse cette lettre; mais faites-moi la charité de la corriger auparavant, et ensuite de la faire copier par quelqu'un, car elle est trop mal écrite pour être présentée à Sa Paternité.

V. R. voudra bien me rappeler au souvenir du R. P. Pensa, Provincial, du P. Oliva, des PP. Zucchi, Caravita, Gottefroid, Lampugnano, Fieramonti, Araña, Oddone, Conti, Giustino, Ricci et autres, outre les PP. de Magistris et Finetti.

Mon Révérend Père, demandez pour moi quelques messes et quelques communions, pour l'amour de Dieu; car, dans cette Mission, nous sommes exposés à en être souvent privés.

Je suis, etc.

JOSEPH-MARIE CALMONOTTI (CHAUMONOT).

Nota. Ce nom de *Calmonotti* a sans doute causé l'erreur du P. de Charlevoix qui, faute d'y avoir regardé d'assez près, a fait le P. Chaumonot originaire d'Italie.

IV

LE PÈRE PIERRE CHAUMONOT, AU RÉVÉREND PÈRE PHILIPPE NAPPI, SUPÉRIEUR DE LA MAISON PROFESSE DE ROME. (*Traduite de l'italien sur l'original conservé à Rome.*)

De Sainte-Marie aux Hurons, 3 août 1640.

Mon Révérend Père,

Pax Christi.

J'ai reçu en même temps, l'année dernière, deux lettres de Votre Révérence, l'une de l'année 1638, l'autre de l'année 1639. La première m'apprenait trois choses : d'abord qu'elle se souvenait de moi à l'autel et qu'elle a célébré la sainte Messe pour moi sur le tombeau du B. Louis de Gonzague, comme je l'en avais priée. En second lieu, que Son Eminence le cardinal Pallotto continue sans relâche à propager la dévotion à la sainte maison de Lorette ou mieux à la sainte Famille qui l'a sanctifiée. Enfin que le P. Ange de Magistris est parti pour le Paraguay, aussitôt après son ordination et sa première messe, célébrée dans l'église de Lorette dite *de Ripetta*....

Pour reconnaître en quelque façon la charité que vous avez de me donner des nouvelles de Rome, je vous tiendrai au courant des choses capables d'intéresser votre curiosité, et de plus je presserai le P. Bressani de traduire en italien la Relation entière que chaque année nous envoyons à notre Père Assistant.

L'année dernière, j'accompagnai l'un des Nôtres (le P. de Brébeuf) dans un pays où l'Évangile n'avait pas encore été annoncé. Partant de notre Résidence au pays des Hurons, nous fîmes six jours de route, toujours dans les bois, et sans trouver aucun endroit pour nous reposer ou réfugier. Nous étions obligés de porter à dos tout ce qui nous était nécessaire pour notre nourriture. Les sentiers de ces forêts sont très-difficiles, étant fort peu battus, remplis de brousailles et de branches, coupés de marais, de ruisseaux, de rivières sans autres ponts que quelques arbres, brisés par l'âge ou par le vent. L'hiver est la meilleure saison pour voyager, parce que la neige rend les sentiers plus unis. Mais il faut qu'elle soit durcie, comme nous l'avons trouvée à notre retour, à l'exception de deux journées : sans cela, on enfonce à chaque pas. Il y a encore un avantage à voyager en hiver : c'est que les cours d'eau sont glacés, et que nous avons pu, pendant soixante milles, traîner nos bagages. Il est vrai qu'on ne trouve aucun abri contre les vents qui sont très-violents et très-foids. Mais, grâce à Celui *à qui la mer et les vents obéissent,* nous avons marché courageusement et joyeusement, malgré le froid, la fatigue et des chutes sans nombre sur la glace ; ce dont mes genoux ont conservé bon souvenir. Mais qu'est-ce que cela en comparaison de ce que Notre-Seigneur a souffert pour moi ? Je m'estimerais heureux de me briser bras et jambes à son service.

Les petits enfants en danger de mort ont recueilli les premiers fruits de notre apostolat. Nous en avons baptisé un grand nombre à l'insu de leurs parents, qui s'y seraient opposés certainement. Beaucoup de ces enfants sont déjà partis pour le ciel. Quant aux adultes, non-seulement ils n'ont pas voulu écouter la bonne nouvelle, mais ils nous empêchaient d'entrer dans leur bourgade, nous menaçant de nous tuer et de nous manger, comme ils font à leurs plus cruels ennemis. La cause de cette grande aversion venait des calomnies propagées par quelques mauvais habitants du pays d'où nous venions. Par suite des ces calomnies, ils étaient convaincus que nous étions des sorciers, des imposteurs venus pour s'emparer de leurs pays, après les avoir fait périr par nos sortiléges, lesquels étaient enfermés dans nos écritoires, dans nos livres, etc.; de sorte que nous n'osions pas, sans nous cacher, ouvrir un livre ou écrire quelque chose. Non-seulement nos livres et nos papiers étaient suspects de magie, mais encore nos moindres gestes et mouvements. Je voulus une fois me mettre à genoux dans une cabane, où nous nous étions retirés pour prier avec plus de recueillement. Aussitôt le bruit se répandit que Oronhiaguehre, c'est-à-dire, *porte-ciel* comme ils m'appellent, avait passé une partie de la nuit à faire ses sortiléges et qu'en conséquence tous devaient se mettre en garde et se défier de lui. Mais, en dépit du diable et de ses suppôts, nous avons pu employer tout notre hiver à parcourir les bourgades des sauvages, les menaçant de l'enfer, s'ils ne se convertissaient, sans que personne ait osé toucher un seul de nos cheveux. Chacun d'eux cependant désirait notre mort et excita les autres à nous tuer, mais aucun n'avait le courage de le faire, quoique cela fût la chose la plus facile du monde : nous n'étions que deux hommes faibles, sans armes, loin de tout secours humain; Dieu seul était pour nous, et il a paralysé le mauvais vouloir de tant d'ennemis. Que Votre Révérence m'aide à remercier le Seigneur de m'avoir préservé de tant d'épreuves et de dangers.

L'automne prochain, j'espère passer un second hiver au milieu de ces pauvres sauvages : aussi je compte obtenir le secours de vos prières......

Pour finir cette lettre, j'ajouterai trois faits assez remarquables arrivés cette année, vu surtout qu'il s'agit de pauvres infidèles, sans moralité. Le premier fait est celui d'un jeune homme qui, voyageant par un grand froid avec sa sœur et la voyant près de succomber, se dépouilla d'une grande peau qui le couvrait, pour l'en revêtir ; puis l'encourageant à hâter le pas afin d'éviter la mort qui la menaçait, il resta avec le mauvais vêtement de sa sœur. La jeune fille le laissant, se mit à courir jusqu'à son village, et pendant ce temps-là son pauvre frère mourait de froid, victime de son héroïsme fraternel. Soixante autres environ, durant cet hiver, périrent dans les neiges.

Le second fait est celui d'un petit enfant de huit à neuf ans qui, jouant sur la glace, tomba dans l'eau. Un de ses frères, à peu près du même âge, se jeta dans la rivière par le trou où son frère avait disparu, le saisit, et nageant sous la glace, eut l'adresse de remonter avec son fardeau par une autre ouverture assez éloignée de la première et lui sauva ainsi la vie. Ce fait arriva dans un village où nous nous trouvions.

Le troisième est un fait de guerre. Nos sauvages, étant allé combattre, furent surpris par l'ennemi dans une embuscade. Voyant l'impossibilité de se défendre, les anciens dirent aux plus jeunes : « Puisque vous pouvez rendre des services à notre nation, prenez la fuite, pendant que nous arrêterons l'ennemi. » C'est ce qui arriva : ces vieux sauvages furent pris, emmenés captifs, cruellement tourmentés, brûlés, rôtis et dévorés, selon la coutume de cette contrée, habitée par des anthropophages, comme je vous l'ai déjà écrit.

N'ayant rien autre chose à raconter à Votre Révérence, je finis, en la priant, si elle trouve quelque chose dans ma lettre qui puisse intéresser notre T. R. P. Général, de vouloir bien le lui communiquer, mais de bouche seulement, ma lettre étant écrite trop misérablement pour la mettre sous les yeux de Sa Paternité. Que Votre Révérence veuille bien l'assurer que je ne dis jamais la sainte messe sans la recommander à Notre Seigneur.

Je suis, de Votre Révérence, le très-humble serviteur en Notre-Seigneur.

JOSEPH-MARIE CHAUMONOT.

De la résidence de Sainte-Marie aux Hurons, le 3 août 1640.

V

LE PÈRE PIERRE CHAUMONOT, AU RÉVÉREND PÈRE JÉROME LALEMANT, SUPÉRIEUR A QUÉBEC.

De l'île Saint-Joseph, ce 1er juin 1649.

MON RÉVÉREND PÈRE,

Pax Christi.

Après la mort du petit Jacques Douard, assassiné l'an passé, je me souviens d'avoir offert à Dieu en holocauste ce que j'avais de plus cher en ce monde, dans la pensée qui me venait qu'il n'y avait rien, pour précieux qu'il fût, dont nous ne dussions aimer l'anéantissement, pourvu que d'icelui quelque gloire en revînt à Dieu ; entre autre choses que j'offrais à Dieu comme celles que je chérissais le plus au monde, étaient les chrétiens de la Conception dont j'avais le soin, et puis la maison de Sainte-Marie. Le bon Dieu a accepté mon offrande. Tous mes pauvres chrétiens de la Conception à la réserve de 3 ou 4, ont été tués, ou pris captifs par les Iroquois, et la maison de Sainte-Marie a été détruite, quoique plus doucement qu'à ce que je m'étais résolu dès longtemps auparavant en mes méditations. Mais les bons PP. de Brebeuf et Lalemant ont offert à Dieu un bien plus agréable sacrifice, *non aliena, non sua, sed seipsos immolando*. Précieux holocauste de ces vertueux Pères, que ne puis-je vous faire continuer en ma personne ! Ce sera quand il plaira à Dieu. Tous tant que nous sommes de Pères ici, nous n'avons jamais plus aimé notre vocation qu'après avoir vu qu'elle nous peut élever jusque à la gloire du martyre ; il n'y a que mes imperfections qui m'en puissent faire quitter ma part.

Hélas ! mon Révérend Père, que j'ai besoin d'humilité et de pureté de cœur pour pouvoir aspirer à l'honneur que le bon Dieu a fait à votre neveu ! Si Votre Révérence la demande pour moi au bon Jésus par les mérites de ses quatre grands serviteurs les PP. Jogues, Daniel, de Brebeuf et Lalemant, j'espère qu'elle me l'obtiendra, et ensuite le bon Jésus me pourrait bien faire la grâce de mourir pour l'avancement de son royaume. Je suis depuis un mois à arpenter l'île de saint Joseph, où la plupart de nos pauvres Hurons se sont réfugiés. C'est ici où je vois une partie des misères que la guerre et la famine ont causées à ce pauvre peuple désolé. Leur nourriture ordinaire n'est plus que de gland ou d'une certaine racine amère qu'ils nomment otsa, et bienheureux encore qui en peut avoir. Ceux qui n'en ont pas vivent partie d'ail cuit sous les cendres ou dans l'eau sans autre sauce, et partie de poisson boucané, dont ils assaisonnent l'eau pure qu'ils boivent, comme ils faisaient auparavant leur sagamité, il s'en trouve encore de plus pauvres que tout cela, qui n'ont ni bled, ni gland, ni ail, ni poisson, et sont de pauvres malades qui ne sauraient chercher leur vie. Ajoutez à cette pauvreté, qu'il faut qu'ils travaillent à défricher de nouvelles forêts, à faire des cabanes, et à faire des palissades pour se garantir, l'année qui vient, de la famine et de la guerre, en sorte que les voyant vous jugeriez que ce sont de pauvres morts déterrés. Je voudrais pouvoir représenter à toutes les personnes affectionnées à nos Hurons, l'état pitoyable auquel ils sont réduits. Certainement elles ne pourraient se contenir de sangloter et de pleurer à chaudes larmes : Hélas ! que je leur dirais volontiers de la part de tout ce pauvre peuple : *Miseremini mei, miseremini mei, saltem vos amici mei, quia manus Domini tetigit me.* Le très-benin Jésus fut touché de compassion à la vue d'une seule veuve, dont on portait le fils en terre, comment serait-il possible que ces imitateurs de Jésus-Christ ne fussent émus à pitié à la vue des centaines et centaines de veuves dont non-seulement les enfants, mais quasi les parents ont été outrageusement ou tués, ou emmenés captifs, et puis inhumainement brûlés, cuits, déchirés et dévorés des ennemis. Ce qui me touche davantage, ce sont les pauvres veuves et orphelins de la Conception, qui était le bourg communément nommé, par les Hurons, le bourg croyant, et ce avec raison, car il y avait fort peu d'infidèles de reste. L'hiver passé il ne s'y était commis aucun péché public, les chrétiens étant les plus forts pour empêcher les infidèles qui en eussent voulu faire. Entre autres il y eut un désir d'une danse Douietha, à laquelle le ménétrier venu d'un autre bourg voulait anexer un festin d'endak ou andet, ce qu'ayant entendu les chrétiens, ils s'y opposèrent si puissamment qu'il n'y eut pas un capitaine qui voulût en faire la criée : de sorte que le ménétrier fut contraint de vider et de s'en retourner avec sa courte honte à son bourg. Ce fut la dernière action que firent nos chrétiens en profession de leur foi, car trois jours après, les Iroquois les tuèrent, n'en ayant emmené que 6 prisonniers, tout le reste ayant combattu généreusement jusqu'à la mort pour la défense de leur patrie. On m'a dit que Charles Pudaiaiondont voyant que les ennemis les emportaient à force de monde, se mit à genoux pour prier Dieu, et que fort peu après il fut tué d'un coup d'arquebuse. Aco ou Endoutie d'Arenté, baptisé là-bas, fut trouvé les mains jointes après sa mort. Ce fut un des Hurons qui retrouvèrent le corps du P. de Nouë les mains jointes, sans doute qu'il l'a voulu imiter.

Je veux pour achever ma lettre faire part à V. R. de la prière que fit le bon René Tsondihouunen au départ des chrétiens de la Conception qui allaient audevant de l'ennemi : « Seigneur Dieu, maître de nos vies, ayez pitié des chrétiens qui vont rencontrer les Iroquois ; ne les abandonnez pas de peur que le progrès de la foi ne soit retardé par vos ennemis s'ils ont le dessus. » Quoique le bonhomme n'obtint pas l'effet de sa prière, il ne laissa pas de venir adorer Dieu ensuite de la mort de Tsoendiai son gendre et de la captivité d'Ihannensa son fils. J'entendis encore la prière qu'il fit en telle forme : Mon Dieu ! ce qui est arrivé que nos frères soient morts est le meilleur. Nous n'avons point d'esprit nous autres hommes qui prétendions que l'issue n'arrive-t-elle ainsi. Vous seul connaissez ce qui doit être pour le mieux. Pour lors nous avouerons dans le ciel quand nous y arriverons, que les choses sont bien arrivées ainsi qu'elles sont arrivées, et qu'elles ne seraient pas bien allées, si elles fussent arrivées autrement.

V. R. voit par là que *diligentibus Deum omnia cooperantur in bonum*. J'ai eu l'honneur d'être environ trois semaines durant maître de la langue huronne de son bon neveu, le P. Gabriel Lalemant. *Incredibile dictu est quantum insudaret linguæ adiscendæ quantumque proficeret. In præmium istius modi solertiæ nonnulli putarunt fuie illi a Deo concessam tam felicem mortem.* La peine qu'il prenait à apprendre la langue huronne et le progrès qu'il y faisait est presque incroyable. Quelques-uns de nos Pères ont estimé que Dieu a recompensé cette grande diligence par cette heureuse mort. Adieu, mon Révérend Père.

Que V. R. ne s'oublie pas en ses saints sacrifices et prières de

son très-humble et très-obéissant serviteur

J. M. Chaumonot,
de la Compagnie de Jésus.

VI

LE PÈRE PIERRE CHAUMONOT AU RÉVÉREND PÈRE EUDES, FONDATEUR DE LA CONGRÉGATION DES EUDISTES. (*Extrait de la vie du Vén. P. Eudes.*)

Québec, ce 14 octobre 1660.

Mon Révérend Père,

Pax Christi.

J'ai été consolé d'entendre, de M. Forcapel, la sainte ambition que vous avez de surpasser qui que ce soit à aimer Notre-Dame. Plût à Dieu que vous pussiez communiquer cet esprit à tous les ambitieux de la terre ! Oserais-je vous demander, pour l'amour de Marie, Mère Vierge, que vous aimez tant, de me procurer l'avantage d'être admis comme le dernier de vos conserviteurs, au service de cette souveraine maîtresse, ou, si vous aimez mieux, comme le plus petit de tous vos cadets, à l'adoption de cette Mère de miséricorde ; si vous mourez avant moi, auriez-vous la bonté de me résigner ou laisser en héritage, autant qu'il sera en votre pouvoir, une partie de la dévotion que vous avez pour elle, afin que vous continuiez, même après votre mort, de l'honorer sur la terre en ma personne ? M. Forcapel vous dira de bouche le déplaisir que j'ai de ce que tant de personnes reçoivent au Saint-Sacrement Notre-Seigneur, avec les dons immenses qu'il porte avec lui, sans en témoigner à celle qui nous l'a donné, le moindre sentiment de reconnaissance. Or, pour remédier, ou en quelque façon pour suppléer à cette ingratitude, j'aurais un grand déir d'apprendre qu'il y eût une association de chapelains de Notre-Dame, je veux dire, qu'il y eût quantité de bons prêtres qui fissent un compromis de ne dire jamais aucune messe sans avoir, entre autres intentions, celle d'honorer la bienheureuse Vierge et d'offrir à Dieu, par ses mains, son adorable Fils, afin qu'en qualité d'hostie, il montât à son Père par l'entremise de la même personne par laquelle il est descendu vers nous, en se faisant homme. Je ne voudrais pas que cette dévotion se bornât à former seulement cette intention ; mais je souhaiterais de plus, qu'avant et après la messe ou la communion, on fît la plus honorable mention de la bienheureuse Vierge qu'on pourrait : par exemple, que le soir qui précède la communion, on la conjurât de prendre possession de notre cœur, afin de se préparer à recevoir son Fils, et après la messe de communion, qu'on la remerciât de nous avoir donné un si amoureux pasteur de nos âmes. Je vous prie, mon Révérend Père, de consulter notre bonne Maîtresse là-dessus, et si elle vous fait connaitre que ce sera une chose agréable pour elle, mettez la main à l'œuvre ; commencez cette association, et faites-moi l'avantage de m'y admettre ; mais parce que peu de personnes se portent aux dévotions, s'il ne s'y trouve quelque attrait d'intérêt spirituel, je laisse à votre prudence et au fervent désir que vous avez d'accroître le culte de la sainte Vierge, de mettre par écrit les moyens d'attirer les âmes à cette dévotion, et de m'en faire parvenir une copie. L'amour que vous avez pour la sainte Vierge me servira d'excuses pour avoir pris la liberté de vous écrire si familièrement, moi qui ne suis qu'un pauvre homme qui vous est inconnu. Je me recommande aux prières et aux saints sacrifices de Votre Révérence et de tous ses fervents commissionnaires.

Votre très-humble serviteur, en Notre-Seigneur, mon Révérend Père,

JOSEPH-MARIE CHAUMONOT, S. J.

VII

LE PÈRE PIERRE CHAUMONOT AU RÉVÉREND PÈRE EUDES, FONDATEUR DE LA CONGRÉGATION DES EUDISTES. (*Extrait de la vie du Vén. P. Eudes.*)

Québec, le 27 septembre 1661.

MON RÉVÉREND PÈRE,

Pax Christi.

Quand le plus grand monarque de la terre m'aurait adopté pour son fils, dans le but de lui succéder dans tous ses Etats, je n'aurais pas eu la millième partie de la joie que j'ai reçue de la promesse que votre Révérence me fait, de me résigner tout ce que le bon Jésus vous a donné de dévotion, de vénération et de zèle pour la gloire de sa très-aimable et admirable Mère. *Unde hoc mihi Lazaro mendicanti ? Unde hoc mihi rustico et terræ filio ?* sinon de l'immense bonté de cette Mère de miséricorde, qui se plaît à faire les plus grandes faveurs aux plus indignes.

O que je voudrais bien voir dorénavant les chrétiens briguer et ambitionner ces bénéfices et ces héritages spirituels, auprès des serviteurs et des servantes de Dieu, au lieu de courir après ceux de la terre. Plût à Dieu que je pusse avoir des pensées et des paroles dignes d'un tel sujet pour les donner au public, afin d'exciter tout le monde à s'y affectionner...

C'est à vous, mon cher Père, et à vos semblables, que notre bon Maître fait cet honneur, de se servir de vos plumes et de vos écrits, pour embraser le monde de son amour et de celui de sa sainte Mère. Continuez, mon vénérable Père, continuez ce saint exercice. Si le bon Dieu avait dessein de me donner quelques sentiments nouveaux propres à procurer un surcroît d'honneur à notre bonne Reine et Mère, je le prie de bon cœur de vous en faire don à vous-même, sachant que vous en ferez un meilleur usage que moi. Ce que je désire obtenir de son infinie largesse, par le moyen de vos saints sacrifices, est de bien me servir de la connaissance des langues des pauvres Hurons et des Iroquois pour leur conversion, et de persévérer jusqu'à la mort en cet emploi, auquel Dieu m'a appelé depuis plus de vingt-quatre ans. Que Votre Révérence me fasse la charité de me recommander aux prières et aux saints sacrifices de tous ses fervents missionnaires que j'embrasse *in visceribus et in osculo Christi*, en qualité de mes frères et de mes cohéritiers dans la succession des respects que le Sauveur vous a communiqués à l'égard de sa chère mère, etc...

Pierre Chaumonot.

Nota. L'auteur de la vie du Vénérable P. Eudes n'a pas donné en entier la lettre du P. Chaumonot : quand ce dernier parle de sa vocation aux missions, datant de vingt-quatre ans, il n'entend pas la fixer à son arrivée en Canada, qui n'eut lieu qu'en 1639, mais, bien à l'époque où il en conçut le désir.

VIII

LE PÈRE PIERRE CHAUMONOT AU PÈRE JEAN CRASSET,
A PARIS.

A Lorette, en Canada, ce 17 novembre 1690.

Mon Révérend Pere,

Pax Christi.

D'abord que M. le marquis de Denonville (1) n'entretint de la bénédiction que le bon Dieu donne aux livres spirituels que Votre Révérence a composés, je sentis un grand désir que le Saint-Esprit vous donnat la pensée de mettre en quelcun de vos escrits, qu'entre tous les motifs qui nous doivent exciter à l'amour du Sauveur celuy qui provient du ressentiment que nous avons de la gloire qu'il a procurée à nostre Créateur, son cher Pere, devrait estre le plus puissant sur nos esprits; en sorte que nous l'aimasssions plus ardemment pour avoir honoré l'autheur de nos vies autant qu'il le mérite, que pour tous les autres biens qu'il nous a faits. Je priay le dit sieur marquis de vous en parler, mais il s'en sera peut

---

(1) Le marquis de Denonville fut gouverneur général en Canada de 1684 à 1689. Malgré les revers qu'il subit dans son administration, il avait d'éminentes qualités, et « il possédait, dit Charlevoix, au souverain degré ce qui fait le parfait honnête homme, aux yeux de Dieu comme aux yeux des hommes ».

estre oublié. Plusieurs réflexions que j'ay faittes sur divers passages des évangiles ont contribué à cette mienne devotion. La premiere qui me toucha il y a plus de quarante six ans fut celle-cy. *Ego honorifico Patrem meum vos autem inhonorastis me,* là ou Notre Seigneur ne reproche pas aux Juifs qu'apres tant de miracles, de guérisons, etc., au lieu de l'en reconnoistre, ils le deshonorent, mais il les condamne de ce que luy, honorant sans cesse leur souverain, ce qui le devroit rendre auprès d'eux plus recommandable que tous ses miracles, ils n'avoient néantmoins aucun respect pour lui : ensuite de cette réflexion je pris resolution pour contrequarrer ces impies que je n'aimerois doresnavant le doux Iesus pour aucun motif daventage que pour celuy d'avoir aimé et honoré infiniment son divin Pere mon adorable créateur, ce qu'ayant practiqué je ne scaurois, mon Révérend Pere, vous exprimer le grand profit que j'en ay retiré et en retire de plus en plus chaque jour, et c'est ce qui me fait souhaister que tout le monde expérimente cette manière d'aimer le rédempteur, afin d'en ressentir les mesmes avantages que j'en reçois. Quand j'entends ces passages *cibus meus est ut faciam voluntatem Patris mei. In his quæ patris mei sunt oportet me esse — non quæro gloriam meam sed ejus qui misit me Patris — ut cognoscat mundus quia diligo Patrem,* et d'autres semblables, quand ces passages dis-je se representent à mon esprit, ce sont autant de nouveaux rayons qui me font voïr combien est aimable mon doux Jésus pour avoir luy-mesme tant aimé celuy de qui j'ay recu l'estre, et duquel j'espere toute sorte de bonheur pour une éternité. Je n'en diray pas davantage, car si l'esprit de Dieu vous porte à faire mention en quelcun de vos escrits de ce que je vous propose, il vous fournira bien d'autres raisonnements que ceux d'un pauvre ignorant tel que je suis qui n'ay jamais estudié une seule leçon de théologie. Avant que de finir il faut que je vous prie de vous souvenir de moy en vos saints sacrifices puisqu'il y a plus d'un an que je n'ay jamais manqué de me souvenir de vous *nominatim* en la sainte messe, j'ay maintenant d'autant plus besoin des prières des bons serviteurs de Dieu que je me vois approcher de la fin de ma vie, estant aagé de quatre-vingt ans dont j'en ay passé plus de cinquante deux en ces missions canadoises.

Adieu, Mon Révérend Père. Votre très-humble et très-obéissant serviteur en Iésus-Christ,

Joseph Marie Chaumonot. S. J.

COPIE D'UN ÉCRIT
DU
PÈRE PIERRE CHAUMONOT

A SON CONFESSEUR.

Mon père spirituel m'ayant ordonné de mettre par écrit ce qui entretient mon âme dans mes oraisons et ce qui l'élève à Dieu, je vais tâcher de lui obéir, en marquant les choses comme ma mémoire me les fournira, et sans y garder d'autre ordre.

Il y a plus de trente ans qu'ayant été touché de ces paroles du Sauveur : « *Ego glorifico Patrem meum* » etc. etc. « Je glorifie mon Père, etc. » j'ai pris la résolution de m'opposer aux ennemis du fils de Dieu, comme aux payens, aux Juifs, aux hérétiques et de prendre pour un de mes principaux motifs d'honorer Jésus Christ, la gloire qu'il a toujours procurée à Dieu son père. De là me vint un ardent désir d'adorer profondément le Sauveur dans le très Saint Sacrement, parce que c'est là où il continue à glorifier par une plus grande humiliation son Père et le mien. Dans le désir que j'ai, soit de lui témoigner combien je le juge digne d'être honoré dans la

Sainte Hostie, soit de réparer les irrévérences que j'ai commises autrefois à l'église, j'ai souvent léché le marche-pieds des autels et en y faisant avec ma langue des croix sur la poussière et même sur des malpropretés, je disois mentalement : « *Et inimici ejus terram lingent.* »

Quand étant à l'autel je fais l'offrande de l'hostie et que je récite ces paroles « *Suscipe Sancte Pater* », je ressens une grande joie d'avoir en mon Jésus, que je vais immoler un immense trésor de satisfactions, pour expier tous mes péchés et pour rendre à mon Dieu par ce sacrifice beaucoup plus de gloire que moi pécheur et tous les autres pécheurs ne lui en avons ravi. Aux paroles qui suivent « *pro omnibus circumstantibus* » je me réjouis de pouvoir offrir à mon créateur les adorations et les hommages de son propre fils pour suppléer aux devoirs de reconnoissance et de culte que toutes les créatures ou ne peuvent ou ne veulent ou ne savent pas lui rendre. En prononçant ces mots, « *ut mihi et illis proficiat ad salutem* » je m'estime heureux de ce qu'en réitérant au Père Eternel le sacrifice du Sauveur je lui fournis une nouvelle occasion de reconnoitre les mérites et les travaux de son Fils en la personne de ses frères adoptifs, qu'il veut sauver en leur faisant part de sa gloire et de son bonheur pour l'amour de ce Fils — Fils, qui a tant aimé son Père, qu'il s'est non seulement immolé une fois pour lui, mais qu'il s'immole encore tous les jours un million de fois pour sa gloire.

Etant sur le point d'offrir l'hostie qui est sur la patène, je me souviendrai qu'elle est faite de plusieurs grains de blé qui tous ensemble ne composent qu'un pain, ce qui me représente l'unité de l'église, tous les fidèles ne faisant qu'une famille et comme un corps dont toutes les parties sont unies par les liens d'une même foi, etc. Cette réflexion faite je puis encore considérer que l'hostie que je dois offrir à Dieu, est mise à la place de tous les chrétiens qui ont été, qui sont et qui seront. Dans cette vue que j'ai de joie de présenter au Seigneur une si grande et si illustre assemblée qui luy rend ses justes hommages conduite par Jésus-Christ chef de tous les hommes. O que vous êtes dignes d'amour et de louanges, Divin Sauveur! de sacrifier ainsi votre corps, votre sang et vos grandeurs pour acquérir à votre Père tant de prédestinés, que vous lui offrez avec vous-mêmes sur nos autels une infinité de fois tous les jours. Votre zèle pour la gloire de Dieu ne se contente pas de les lui offrir dans le Ciel en qualité de ses fidèles vassaux et de vrais adorateurs de ses infinies perfections. Que n'ai-je en mon pouvoir tous les cœurs de la terre! Je les obligerais d'employer tout l'amour et tout le respect dont ils sont capables, à vous congratuler des conquêtes que vous avez faites sur tant d'âmes que vous rendez tributaires à votre Père, pour augmenter son royaume. « *Magnificate Dominum meum* » Glorifiez le Seigneur avec moi ! leur dites vous à tous momens. O qu'elles ont de joie de s'unir à vous pour s'acquitter d'un si juste devoir !

En prononçant les paroles de la Consécration, outre l'intention que j'ai de changer la substance du pain et du vin en la substance du corps et du sang de Jésus Christ, je souhaite du meilleur du cœur de transformer en autant de Jésus et de Dieu même tous les fidèles avec moi, qui sommes mystiquement représentés par l'hostie. O que les prêtres n'opèrent-ils aussi efficacement sur le corps mystique ou moral du Sauveur, qu'ils opèrent sur le pain et sur le vin qui en sont les figures. Quel plaisir leur serait-ce, en proférant les paroles sacramentales, de ne produire pas seulement Jésus Christ sur nos autels mais de produire encore dans tout le monde une infinité d'enfans spirituels à ce Dieu d'amour ! Ils le rendroient d'autant plus grand Roi, qu'ils lui donneroient plus de sujets ou plutôt plus de Rois pour sujets et même de rois divinisés par la participation de son corps et de son Esprit Dieu. Ah ! que je serois ravi en voyant cet heureux changement, de dire à ces âmes d'élite : « *Ego dixi : Dei estis vos et filii Excelsi omnes.* »

J'avouerai ici que le cinq de Juin en 1687 je fus tout extraordinairement épris d'un très ardent désir d'aimer de mon mieux le Sauveur, parce qu'il me fournit dans le saint sacrement de quoi réparer tout l'honneur que j'ai manqué de rendre à mon Dieu. Durant ce grand sentiment je ne pouvois assez répéter ces paroles, « *Suscipe, Sancte Pater, hanc immaculatam hostiam* », tant j'avois de joie à les dire et à les redire. Après un long espace de temps me trouvant de plus en plus embrasé d'amour pour un si grand bienfait, je sentois d'incroyables empressemens de voir au plutôt mon cher Rédempteur pour l'en remercier. Dans ces désirs je m'adressois à la Bienheureuse Vierge et je ne puis dire combien de fois je lui répétai cette prière de l'Eglise : « *Eia ergo advocata nostra illos tuos misericordes oculos ad nos converte, et Jesum benedictum, fructum ventris tui nobis post hoc exilium ostende.* »

Si j'étois fils d'un grand monarque qui m'aimast plus qu'un bon père n'aime ses enfans et que par mes désordres j'eusse été cause que ce roy eût perdu ses biens, de quel regret devrois-je être pénétré. Si ensuite il étoit rétabli dans tous ses droits par un autre souverain, quel amour ne devrois-je pas avoir pour celui-ci ! et quelles conjouissance ne devrois-je pas faire à celui-là ! En vérité la douleur que je devois avoir du tort que j'ai fait à mon Dieu devroit encore être plus grande que mon regret d'avoir ruiné ce monarque. De même aussi ma reconnoissance envers celui qui l'auroit rétabli devoit être beaucoup moindre que celle qui est due à mon Sauveur lequel dans un million d'endroits, à toute heure et à tout moment honore infiniment plus son père et le mien que moi et tous les pécheurs ensemble l'avons déshonoré.

Le même mois de juin de la même année j'eus une lumière, qui, en me découvrant les infinies amabilités de mon Dieu, me découvroit ma totale impuissance de l'aimer, de l'adorer, de le bénir, de le glorifier, autant que je l'eusse bien voulu et qu'il le mérite. Dans le désir que j'avois de sa gloire, je souhoitois de pouvoir augmenter à l'infini le nombre des Anges et des Saints, pour le louer par leurs bouches et pour l'aimer par leurs cœurs. Afin d'obtenir l'effet de mon désir, O que ne dis-je pas à l'Esprit Saint en le conjurant de sanctifier quantité de fidèles auxquels je me pusse joindre pour aimer et pour honorer mon Dieu ! Ensuite faisant réflexion, que j'ai dans le Saint Sacrement encore plus que je n'en demandois puisque le Fils de Dieu se sacrifie pour son Père dans une infinité d'églises, je fus extrêmement consolé, de ce que m'unissant à Jésus j'ai de quoi rendre à mon Dieu tout l'honneur et tout l'amour qu'il mérite. Bien plus toutes les créatures ont le même moyen que moi dans le même mystère. « *O quam suavis est, Domine, spiritus tuus qui et esurientes reples bonis* » : O Seigneur, que votre esprit est charitable, de nous remplir de vos biens, pauvres faméliques que nous sommes! Aussi nous distribuez-vous tout ce que vous nous en avez mérité : et vous nous donnez part à tout ce que vous avez fait à la gloire de Votre Père, afin que nous le lui offrions, comme un fruit produit de notre fond. Ah! si ce que St. Paul a dit est vrai, ainsi qu'il est, que qui s'unit à Dieu devient avec lui un même esprit, que ne me tiens-je toujours uni ou réellement ou du moins de pensée et d'amour aux tabernacles, aux autels et aux hosties, où repose le parfait adorateur de mon Dieu, afin que mon esprit toujours attaché au sien, nous louions conjointement et continuellement notre Divin Père.

Si un royaume étoit électif et que les électeurs ne pouvant s'accorder, me donnassent le pouvoir de mettre la couronne sur la tête de celui que j'en jugerois le plus digne, O que j'aurois de joie d'élever mon propre père à cet honneur, comme ayant en vérité ce mérite! Que les prêtres sont donc heureux de pouvoir tous les jours mettre sur la tête de Dieu même leur très-digne père, les couronnes de tous les vrais rois du monde, qui sont les saints et de les y mettre en lui représentant à la messe tous les hommages qui lui sont rendus sur terre, etc. De plus, si j'avois élevé mon père à la royauté, je ferois mon possible soit pour lui rendre sa cour très nombreuse et très florissante, soit pour lui procurer les tributs de toutes les provinces de son royaume. Voilà ce que le prêtre fait à l'égard de son créateur, en lui offrant le saint sacrifice, auquel il fait assister tous les chœurs des Anges et tous les ordres des saints en qualité de tributaires. O quelle gloire et quelle consolation pour Dieu de les voir tous, à la sommation que leur en fait le prêtre, prosternés devant son trône avec son adorable Fils, qui s'immole encore en leur compagnie à la suprême Majesté de son Père.

C'est avec plaisir que tous les saints voient représenter par le prêtre, ce qu'à l'exemple et à la suite de leur Jésus, ils ont fait et souffert durant leur vie à la gloire de Dieu. Au contraire, s'ils étoient capables de chagrins, ils en auroient si le prêtre ne faisoit nulle mention d'eux, pendant le St. Sacrifice; puisqu'il empêcheroit par son silence qu'on ne leur applaudit dans une si auguste cérémonie d'avoir contribué à la gloire de notre Dieu.

Le prêtre devroit avoir une attention toute particulière à cette prière du saint canon laquelle commence par ces paroles : « *Communicantes et memoriam venerantes imprimis gloriosæ Virginis Mariæ* »; — puisqu'il devroit se conjouir dans son cœur avec les saints et les saintes qu'il nomme de ce que durant leur vie, ils ont mérité d'accompagner après leur mort leur divin maitre, jusque dans ce divin mystère, qui est la plus noble embassade qui puisse être.

Jésus est appelé la couronne du Père Eternel et cette couronne est comme étoffée ou enrichie de la gloire des Saints qu'on peut regarder comme autant de rubis, de perles et de diamants. O quelle joie et quel honneur pour tous ces justes de se voir aussi unis à Jésus, soit au ciel, soit sur nos autels que le sont les pierres précieuses à un riche diadème.

Le Sauveur apparaissant à St. Pierre d'Alexandrie avec une robe toute déchirée, lui dit que cette robe étoit son église, que l'hérésiarque Arius avoit mise en si pauvre état. Le prêtre tout au contraire remédie à ce mal en offrant pour l'expiation des péchés et pour la conversion des pécheurs la sainte Hostie; puisque par les mérites de Jésus Christ les plus grands ennemis de son église peuvent y estre réunis, aussi bien que St. Paul, devenu Apôtre, de persécuteurs qu'ils estoient. Seroit-il possible que la divine miséricorde n'eut pas pitié de quelques pauvres pécheurs et hérétiques, à chaque messe qu'on lui présente les mérites de son Fils, de sa Mère et même de tous ses saints, *Tantus labor non sit cassus.* O que ces illustres bienheureux se tiennent encore obligés au prêtre qui fait aussi valoir leurs satisfactions avec celles de Jésus Christ pour la délivrance des âmes du purgatoire! Ne serois-je pas coupable d'une lâcheté indigne si je n'y joignois quelques mortifications ou quelque action de charité ou quelque victoire remportée sur moi-même.

On nous écrit de France que notre grand Roi a des armées de trois ou de quatre cent mille hommes. Cela lui est bien glorieux : mais si lui-même pouvoit se multiplier autant de fois par une reproduction miraculeuse, il auroit l'avantage de pouvoir tout seul composser une si grosse armée et de pouvoir tout seul combattre tous ses ennemis. Voilà justement ce qui convient à Jésus Christ dans l'Eucharistie, où étant multiplié à l'infini il y est pour le dire ainsi une armée de seuls Jésus Christs : armée qui désarme la justice de Dieu, armée qui met les démons en fuite, armée qui triomphe même de nos cœurs. Et certes si l'on dit de l'Eglise qu'elle est comme une armée rangée en bataille, elle tient du Sauveur, son époux, un si glorieux avantage ; donc, puisqu'il le lui donne, il le possède tout autrement qu'elle. Les Italiens donnent le nom de gloire à l'appareil qu'on fait pour les Quarante Heures où l'on expose le très Saint Sacrement et lorsque cet appareil est très-beau, ils s'entre-disent comme par admiration « *O bella, bella gloria!* » De même lorsque les anges voient ou un prêtre bien disposé à célébrer les divins mystères, ou un laïque qui s'est préparé de son mieux à recevoir son doux Sauveur ils s'écrient assurément : « *O bella, ô bella gloria!* »— « Que la gloire que ce sacrificateur, ou ce communiant donne à son Jésus est grande » !

Un ami nous sauroit bon gré d'avoir employé ce qu'il nous auroit confié de son bien à faire quelque chose qui seroit fort à son avantage. Au contraire, il auroit sujet d'être fâché, si ayant une occasion favorable de lui procurer un grand profit ou une haute gloire, nous l'avions négligée.

Le sacrifice et même la communion mettent les trésors de Jésus Christ et de ses saints en la disposition des fidèles. O que nous ferons donc un grand plaisir à Dieu de lui offrir ces immenses richesses pour la rédemption des âmes, soit de celles qui sont déjà en purgatoire, soit de celles qui sont encore sur terre. L'Evangile nous avertit que le serviteur qui ne fait pas profiter son talent est très-rigoureusement puni. Le prêtre le sera donc beaucoup plus, si, ayant tant de biens à sa disposition, il n'en assiste pas ses pauvres frères.

Le prêtre doit se réjouir extrêmement lorsqu'il dit ces paroles du Canon « Supra quæ propitio ac sereno vultu respicere digneris, etc. » puisqu'à chaque messe qu'il dit, il a l'honneur de présenter à Dieu un si bon nombre de ses ancêtres, de ses amis, et de ses officiers, qui ont consumé leur vie et donné jusqu'à la dernière goutte de leur sang pour sa gloire. Ainsi il est bien juste que le prêtre ait intention non seulement de renouveler le plaisir que le Seigneur a reçu des sacrifices d'Abel, d'Abraham, de Melchisédec, et des autres saints de l'ancien testament, mais encore de lui offrir la victime divine, dont toutes les autres n'ont été que la figure. Mais quel amour ne mérite point le Sauveur qui pour faire plus dignement l'office de médiateur de tous les hommes se multiplie à toute heure, une infinité de fois entre les mains des prêtres ! et qui à chaque multiplication de son corps et de son sang veut bien joindre à ses propres mérites les actions et les souffrances de ses membres mystiques.

En vérité quand Jésus n'auroit parlé que de l'adorable Eucharistie, il auroit pu nous dire au sujet de ce mystère d'amour qu'il est venu apporter le feu en terre pour embraser nos cœurs. « Ignem veni mit-« tere, etc. » O que le prêtre qui porte entre ses mains et qui reçoit dans son sein ce divin feu, n'en est-il tout brulant ! pour consumer à sa flamme tous les péchés du monde !

Un jour dans mon oraison du matin j'eus un sentiment de joie toute extraordinaire. Il me fut causé par une forte pensée qui me fit connoitre qu'à chaque messe qui se dit, l'humanité sainte de Jésus reçoit de son Père une gloire nouvelle en reconnoissance des abaissements qu'il pratique dans le mystère de l'Eucharistie. Bien plus je fus assuré en même tems que le Sauveur représentant dans ce sacrifice, ce que ses saints ont fait à la gloire de Dieu, ils en reçoivent une gloire accidentelle qui leur vient de l'agrément que le Père Céleste leur témoigne de leur fidélité et de leur ferveur à son service.

Quand le prêtre repète la même chose en plusieurs mots qui ont presque la même signification, comme lorsqu'il profère ces paroles, « *Hæc dona, hæc munera, hæc sancta sacrificia — Hostiam puram, hostiam sanctam, hostiam immaculatam,* » il doit le faire avec un excès de joie, comme s'il déclaroit par là qu'il ne peut trouver assez de termes pour exprimer sa pensée. C'est ainsi que pour marquer à une personne, qu'on l'aime, on ne se contente pas de l'appeler son amour, on la nomme encore son cœur, sa vie et ses délices.

J'avoue pour moi que les expressions me manquent pour marquer les conjouissances que je voudrois faire à mon Créateur, de ce qu'il a trouvé un si beau moyen de se faire honorer par ses créatures. S'il a tant aimé le monde que de lui donner son Fils unique, le monde à son tour l'aime tant que de lui donner le même Fils. Pour moi je ne conçois point de plus grand honneur pour une créature que celui de pouvoir rendre à son Créateur tous les hommages, tous les remercimens et toutes les satisfactions qui sont dignes de lui. Voilà pourtant ce que nous lui rendons en lui offrant son cher Fils sur nos autels. Toutes les créatures ont quelque part à cette offrande, puisque sans parler ni de l'humanité sainte qui est immolée, ni de la Vierge Mère dont le Fils est sacrifié, ni de ses anges qui se joignent au prêtre pour l'offrir à Dieu, ni des ministres sacrés et du peuple fidèle qui appartiennent au royal sacerdoce de Jésus-Christ : le pain et le vin qui y sont changés au corps et au sang du Sauveur, l'eau qui y est mêlée pour signifier l'union de Dieu avec son peuple, la pierre qui sert d'autel, les nappes blanches qui nous sont des symboles de la pureté avec laquelle nous devons communier, aussi bien que les cierges qui par leur lumière et leur feu nous marquent quelles doivent être notre foi et notre ferveur. Ajoutez-y la terre, l'air, le soleil, les astres, les laboureurs, les vignerons, les moissonneurs, les boulangers, les vendangeurs, etc. Il n'y a jamais eu d'ambassadeur qui ait porté à aucun monarque de si grands présens et de la part de tant de nations que le prêtre en offre tous les jours à Dieu dans le mystère de nos autels. Si donc des ambassadeurs, par exemple ceux de Siam, ayant agréé au roi Louis le Grand ont été si honorés de lui et dans tant de villes de France, quelle gloire et quelle récompense ne recevra pas un bon prêtre qui se sera si souvent acquitté comme il faut de son ambassade au nom de

Jésus-Christ ! « *Pro Christo enim legatione fungimur.* »
Y aura-t-il ou chœur des anges, ou ordre des saints, de qui il ne soit comme régalé même dès à présent ! O que grande est la dignité d'un prêtre, et que je dois à Dieu de reconnoissance de m'y avoir élevé en me retirant de l'esclavage de Satan à qui je m'étois engagé par mes péchés ! Je me confirme de plus en plus dans la pensée que notre Sauveur au saint sacrifice de la messe ne s'offre pas seul à Dieu son père en holocauste ; mais qu'il nous y joint tous, qui sommes ses membres, et même toutes les créatures qui sont comme sanctifiées en lui. « Quoniam omnia coagmentata sunt in eo », dit un saint Père. Quoi ! en se donnant lui-même qui est le grand tout, retrancheroit-il de son holocauste une chose qui vaudroit infiniment moins que lui-même ? Et, étant notre chef voudroit-il nous détacher de sa personne après nous y avoir si parfaitement unis ?

Un homme magnifique qui auroit trouvé un immense trésor seroit heureux d'en enrichir tous ses parens et tous ses amis. Le prêtre à chaque fois qu'il dit la messe a un trésor infini dont des millions de mondes peuvent être enrichis. N'auroit-il donc pas grand tort, soit de n'en pas faire part à toutes les créatures, soit de ne les pas inviter à en témoigner à Dieu leur gratitude ? Voilà le sentiment avec lequel au sortir de l'autel, je réciteray le « *Bénédicite omnia opera Domini Domino* ». Quelle consolation d'avoir une infinité d'associés pour honorer, pour aimer, pour servir mon Dieu ! Oh ! que ne puis-je pour cela lui offrir à tout moment le sacrifice Eucharistique ! Si je ne le puis faire si souvent par moi même, je le ferai *in voto*, par désir, en m'unissant d'intention à tous les prêtres qui sont et qui seront jusqu'à la fin du monde. Jamais un prêtre ne devroit s'approcher de l'autel qu'auparavant il n'eût fait ou quelque mortification ou quelque acte de charité pour en grossir le sacrifice qu'il va offrir de tout ce que son Dieu a fait et a souffert pour lui.

Lorsque je considère l'honneur que Jésus Christ rend à son Père en s'immolant pour lui tant de fois tous les jours, je voudrois pouvoir m'unir à lui jusqu'à en être entièrement pénétré corps et âme, membres et facultés de moi-même : mais comme je m'en reconnois indigne, je prie le Père Eternel de le loger dans son sein, comme dans l'unique demeure parfaitement digne de lui. Je l'y remets donc à la fin de mon action de grâce, et au même moment je suis rempli de joie en pensant que ce Divin Père et ce Fils Divin s'aimant infiniment l'un pour l'autre se causent un contentement indicible. Un jour que je m'en conjouissois avec ces deux adorables personnes, il me fut dit intérieurement : « Entrez dans la joie de votre Seigneur » et certes, oh ! que ce me fut un grand bien d'y être entré !

Autrefois la mort que Jésus souffrit pour obéir aux ordres de Dieu son Père fit dire au centenier : « En vérité cet homme étoit le Fils de Dieu ». De même la mort mystique que le Sauveur renouvelle si souvent sur nos autels par obéissance au prêtre nous devroit porter tous à nous écrier à chaque fois qu'on lève l'hostie : « *Vere Filius Dei erat iste* ». En effet nous reconnoissons que de deux personnes, l'une est le Père et l'autre le Fils, lorsque celui-ci rend à celui-là toutes sortes de déférence et de soumission.

Je ne crois pas qu'on puisse faire plus de plaisir à une personne reconnoissante et affectueuse que de lui fournir les moyens d'une juste gratitude envers un insigne bienfaiteur. C'est le plaisir que mon cher Jésus me fait tous les jours en mettant entre mes mains tous les trésors, jusqu'à la plénitude de ses satisfactions, de ses grâces et de son esprit, afin que j'en gratifie pour ainsi dire mon Dieu. A mon lever, je voudrois que mon Sauveur me redit encore au fond du cœur : « Courage, mon enfant, voilà que je mets en ton pouvoir tout mon vaillant et ma propre personne, afin que tu en disposes à ta volonté. » O quelle fut lors ma joie ! quels furent mes remercimens ! « *Non nobis, Domine, non nobis, sed nomini tuo da gloriam !* »

On tient à grand honneur d'être admis avec de grands seigneurs à la table ou au conseil du Roi pour y faire quelque fête extraordinaire ou pour traiter de quelque affaire importante. Le prêtre doit donc estimer tout autrement son bonheur d'assister à la table de son Dieu, et de traiter d'affaires avec lui, dans la compagnie des Saints et des anges même. O quel est leur souhoit pour la prospérité du royaume de Dieu ! Quels sont les désirs des âmes du Purgatoire pour leur liberté ! Quel est le zèle des justes sur la terre pour la conversion des pécheurs !

La dignité d'un ambassadeur est d'autant plus glorieuse que le prince qui l'envoie est plus grand, que le souverain vers qui il est député est un plus puissant monarque, que l'affaire qu'il doit traiter est plus importante et que les présens qu'il offre sont plus riches. Mais où toutes ces conditions se retrouvent-elles plus advantageusement que dans le sacrifice de la messe ? « *Pro Christo legatione fungimur.* » Nous y sommes les ambassadeurs de Jésus Christ, envoyés à Dieu son Père, avec le plus divin de tous les présens et pour y traiter de la satisfaction dûe à Dieu par le pécheur et du salut de l'homme.

LETTRE CIRCULAIRE

SUR LA MORT DU

P. PIERRE (JOSEPH-MARIE) CHAUMONOT

MORT A QUÉBEC, LE 21 FÉVRIER 1693.

Nota. — Nous connaissons deux exemplaires de cette circulaire, rédigée par le P. Dablon, alors supérieur de nos missions au Canada. L'une est entre nos mains, et l'autre est conservée à la bibliothèque impériale. (Mss. français, n° 6453.) L'une et l'autre sont de la main du P. Vincent Bigot et non du Père Dablon lui-même, dont l'écriture est généralement fort mauvaise.

Nous donnons cette circulaire en entier, malgré la répétition de quelques faits déjà connus.

LETTRE DU RÉVÉREND PÈRE DABLON AU RÉVÉREND PÈRE PROVINCIAL, EN FRANCE.

Mon Révérend Père,
Pax Christi.

Le 21 de février de cette année, nous avons perdu le plus ancien et le plus fameux de nos missionnaires, le P. Pierre-Joseph-Marie Chaumonot. Il était dans la quatre-vingt-deuxième année de son âge, dans la soixante-unième depuis son entrée dans la Compagnie, et dans la cinquante-quatrième depuis son arrivée au Canada. Il naquit auprès de Châtillon-sur-Seine. Lorsqu'il étudiait en rhétorique, l'envie lui prit de voyager. Il fut à Rome, où par une providence de Dieu toute particulière sur sa conduite, il entra au noviciat de Saint-André, le 18 mai 1632. Sa vocation à la Compagnie et les moyens dont Dieu se servit pour lui faire obtenir son entrée, parut quelque chose de miraculeux à nos Pères de Rome. Il fut fidèle à cette première grâce, et il fit paraître tant de ferveur dans les six premiers mois de son noviciat, à Rome, qu'après ce temps, il fut choisi avec trois autres novices pour être envoyé à Florence, pour y servir d'un rare exemple dans le noviciat qu'on y établissait. Il eut d'abord un si grand désir des humiliations et des souffrances, qu'on ne pouvait satisfaire à toutes les instantes prières qu'il faisait au maître des novices, de lui accorder les exercices les plus pénibles de mortification et d'humilité, en quoi la ferveur le portait si loin, que le Recteur du noviciat fut obligé de lui prescrire des bornes et de lui refuser d'être seulement coadjuteur temporel, comme il le désirait. Il fit avec tant de succès la quatrième, dans notre collége de Fermo, qu'on le nomma pour la seconde, après une année de régence, et fut envoyé l'année suivante, à Rome pour y faire ses études de philosophie et de théologie. Avant que d'y aller, il avait déjà demandé par lettres à notre R. P. Général les missions de la Nouvelle-France, en s'offrant à lui pour celles où il y avait le plus à souffrir et à s'humilier. Étant arrivé dans le collége romain, ce désir s'augmenta si fort par la lecture qu'il fit d'une relation du Canada, écrite par le feu P. Jean de Brébeuf, qu'il crut que Dieu le voulait absolument dans les missions du Canada. Et il exposa si bien au R. P. Général Mutio Viteleschi les ardents désirs que Dieu lui donnait, qu'il obtint la permission de renoncer à la théologie, pour accompagner l'année suivante le P. Antoine Poncet, en Canada. On permit d'abord à l'un et à l'autre de faire à pied, et en demandant l'aumône, le voyage de Lorette, qui fut le troisième qu'y fit le P. Chaumonot, où déjà, la première fois qu'il y était allé, il avait fait vœu de chasteté, avant que d'entrer dans la Compagnie. Il fut aussi guéri miraculeusement dans ce saint lieu, d'une indisposition considérable qu'il avait. Au second, il s'offrit à Dieu pour les missions étrangères, et au troisième, il fit vœu de chercher toujours et en toute chose la plus grande gloire de Dieu. La sainte Vierge qui lui en avait donné la pensée, l'avait elle-même assuré que son sacrifice aurait l'agrément du ciel. Cependant, comme il ne se conduisait que par la voie commune et assurée de l'obéissance, il conféra de cette affaire avec le

R. P. Général, qui, l'ayant bien examiné, lui permit de faire ce vœu d'une si haute perfection. Il avait une dévotion très-tendre envers la très-sainte Vierge et saint Joseph, ce qui l'obligea de demander instamment à notre R. P. Général qu'il lui permit de porter les noms de Marie et de Joseph avec celui de Pierre qu'il avait, ce qui lui ayant été accordé, il partit avec une joie incroyable, de Rome pour aller au plus tôt dans sa chère mission du Canada. En 1639, le navire où il s'embarqua pour se rendre à Québec avec les Pères Vimont et Poncet et trois religieuses hospitalières, trois Ursulines et Madame de la Peltrie, se serait brisé contre une prodigieuse glace, si Dieu, par un miracle, n'avait sauvé tant de saintes personnes pour le bien de la Nouvelle France. Deux jours après l'arrivée du P. Chaumonot à Québec, il en partit pour aller dans la mission des Hurons, qui était fort éloignée de Québec.

Il y passa onze ans dans des travaux incroyables, tandis que ce pays barbare fut désolé par la maladie, par la famine et par la guerre, qui était fort allumée entre les Hurons et les Iroquois. Le P. Paul Ragueneau et lui coururent de grands risques de la vie. Un jour il reçut d'un Huron un si grand coup de pierre sur la tête qu'il en tomba par terre. Le barbare l'eût tué sur l'heure si le P. Daniel ne l'en eût empêché. Etant guéri de cette blessure, il prit lui seul le soin de deux villages tout à la fois, où il travaillait avec une application et un zèle extraordinaire à l'instruction des sauvages. Ensuite il passa en d'autres bourgs où il plut à Dieu de lui donner de merveilleux succès et de convertir une grande quantité de barbares à la foi. Jusqu'en 1650, au temps de la plus grande désolation de la nation huronne, il redoubla ses soins pour n'oublier rien en quoi il pourrait assister sa nouvelle Église. S'étant trouvé dans un bourg où l'alarme fut donnée à minuit, il parcourut promptement toutes les cabanes afin de pourvoir aux besoins pressants de son cher troupeau ; il l'accompagna dans sa retraite de onze lieues sans boire ni manger, et même sans s'arrêter, et sans ressentir, à ce qu'il avoua lui-même, aucune lassitude. Le zèle qui l'animait dans ces travaux apostoliques lui donnait des forces lorsque les plus robustes de la troupe étaient épuisés de fatigue. Les Pères de Brébeuf, Lallemant et Daniel ayant été tués par les Iroquois et n'y ayant plus d'apparence de tenir davantage dans des postes si exposés, le supérieur de la mission ramassa tous les Pères avec tous les Hurons chrétiens qui les voulurent suivre pour les mener à Québec. Le P. Chaumonot fut seul chargé du soin de ces pauvres sauvages. Il les établit dans l'île d'Orléans, assez proche de Québec, où l'on vit bientôt une fervente église dont la sainteté fut une preuve de celle de ce saint et infatigable missionnaire, dont le zèle lui fit porter la foi chez les Iroquois en 1655 et 56. Il y fit beaucoup de fruit et y courut bien des dangers. C'est lui qui a jeté les fondements des églises que nous avons eues dans le pays de ces sauvages à Onnontagué, à Goiogoüen et à Sonnontoüan. A son retour des Iroquois on le remit auprès des Hurons, qui venaient de recevoir un funeste échec des Agniez. Il consola ces pauvres néophytes et leur fit prendre cet accident d'une manière chrétienne. Peu après il fut choisi pour aller secourir les habitants de Montréal qui étaient dans une extrême disette de vivres. Il pourvut aux nécessités de leurs corps et de leurs âmes d'une manière si gaignante, qu'ils lui firent, la plupart, des confessions générales qui furent suivies d'une réformation notable de leurs mœurs. Ce fut là aussi qu'en 1663 il commença heureusement sous les auspices de saint Ignace une très-belle association sous le nom de la famille de Jésus, Marie et Joseph, par laquelle il inspira en peu de temps une ferveur admirable aux femmes et aux filles de ce pays-là, et les porta à mener une vie très-exemplaire. Cette assemblée qui persévère dans l'exercice de toute sorte de vertus, va ici comme de pair avec les congrégations de Notre-Dame. Il y avait plus de 14 ans que Dieu lui en avait inspiré le dessein, que la sainte Vierge lui avait fait sensiblement connaître qu'il lui était très-agréable. Mgr de Laval souhaitant que le principal établissement de cette dévotion fût dans sa cathédrale, le Père fut rappelé à Québec, et mettant d'abord la ferveur parmi tous les français il ne laissa pas de reprendre en même temps le soin des sauvages Hurons qui y étaient.

Il avait un talent si rare pour les langues des Sauvages qu'ils disaient souvent qu'il savait mieux leur langue qu'eux-mêmes. Il réduisit la langue huronne en préceptes ; il en a recueilli les racines, il en a corrigé, augmenté et perfectionné le dictionnaire, et pendant plus de 50 ans il a formé et instruit tous nos missionnaires qu'on a appliqués à cette langue qu'il a enrichie de plusieurs ouvrages qui leur sont très-utiles. On le retira encore quelque temps de la mission en l'année 1664, pour être l'aumônier des troupes destinées à la garde du poste le plus avancé des Iroquois. Il fit dans cet emploi des biens très-considérables parmi les officiers et les soldats. Il y eut surtout trois conversions, qui firent grand éclat et qui ont été constantes.

Après cette mission militaire, il reprit le soin de ses chers sauvages, et ayant été obligé de les faire changer de temps en temps de lieu où ils pussent faire une récolte de blé suffisante pour leur entretien, il y bâtit deux dévotes chapelles, également fréquentées des français et des sauvages, l'une sous le titre de Notre Dame de Foi en 1667, et l'autre sous celui de

Notre Dame de Lorette en 1673, qu'il fit faire sur le modèle de celle qui est en Italie, où il s'était dévoué plusieurs fois au service de Notre-Seigneur et de la sainte Vierge.

Ces deux chapelles ont été fameuses par le concours du monde qui y venait et par les grâces singulières que plusieurs confessaient y avoir reçues par l'intercession du Père. Aussi tout le pays avait une confiance toute particulière dans ses prières ; on le nommait ici communément le saint homme et longtemps avant sa mort plusieurs personnes n'ont pu s'empêcher de publier un assez grand nombre de faveurs qu'elles ont cru avoir obtenues par ses prières. Mais en laissant à Dieu le jugement touchant la vérité de ces merveilles, ce n'en a pas été une petite que de voir en cette sainte maison de Lorette une église des Hurons réglée comme les plus saintes paroisses d'Europe, où ces néophytes sauvages ont fait éclater des actions héroïques de vertus qu'on peut comparer à celle des chrétiens de la primitive Église.

La vie que le P. Chaumonot menait en ce saint lieu où l'on assura qu'il s'y est fait plusieurs miracles était partagée au service de Dieu et du prochain. Nonobstant les violentes douleurs que lui causait une maladie habituelle qu'il a eue jusqu'à la mort, il ne laissait pas de se mettre en prières dès les 2 heures du matin et faisait une méditation de 4 à 5 heures pour consacrer le commencement de la journée à Dieu, et vaquer ensuite avec plus de fruit au salut du prochain. Il apportait une préparation extraordinaire avant de dire la sainte messe, qu'il interrompait pour donner quelques pratiques de dévotion à ses sauvages, afin de leur inspirer tout le respect qu'ils doivent avoir envers cet auguste mystère. Les dimanches et les fêtes, il les prêchait plus longtemps, et toujours avec beaucoup de zèle. Il employait une demie heure à son action de grâce après la messe, pendant laquelle il était tout pénétré de Dieu. Un jour entre autres qu'un de nos Pères l'alla quérir, il lui dit confidemment : « Vous m'auriez obligé de me laisser plus longtemps avec Notre-Seigneur qui me régalait si bien. » Il avait ordinairement pendant la sainte messe de grands sentiments de dévotion et beaucoup de lumières spirituelles, comme on l'a appris de ceux à qui il découvrait sa conscience et à qui il faisait part des faveurs particulières qu'il recevait du ciel. Mais avec toutes ces grâces, il conservait une humilité profonde. Il était si sobre et si mortifié dans ses repas, que nos pères qui étaient sous lui avaient ordre du Supérieur de toutes les missions de veiller à lui faire prendre assez de nourriture, et même de lui commander de manger ce qu'ils lui présentaient, à quoi il se soumettait avec une docilité merveilleuse.

Dès qu'il avait quelque moment de loisir, après les instructions qu'il fallait faire dans les visites particulières des sauvages, il allait passer ce temps devant le Saint-Sacrement où il récitait ordinairement tout son office, qui était suivi de quelque oraison mentale, après quoi il faisait publiquement les prières du soir avec les sauvages.

La récréation se passait à s'entretenir, ou sur quelque difficulté de la langue huronne, ou sur ce qu'il avait remarqué dans la mission, ou sur le moyen d'en éloigner le vice.

Voilà ce qui nous a paru de la vie du P. Chaumonot, jusqu'à l'automne de 1692, qu'on l'apporta malade à Québec. Cette maladie n'ayant pas été longue, il demanda à retourner à sa mission dès qu'il se sentit mieux. On le remit jusqu'à Noël qu'il fut attaqué d'une fièvre très-violente et d'un soulèvement d'estomac accompagné de grandes douleurs que ressentent ordinairement ceux qui sont toujours les plus tourmentés de la pierre : ce qu'il souffrit avec une patience héroïque, s'unissant toujours à Jésus crucifié, et se préparant avec joie à la mort; voyant bien qu'elle était proche, il souhaita de recevoir au plus tôt le saint Viatique, qui lui fut heureusement accordé un jour avant que ses vomissements commençassent, pendant lesquels on lui donna l'Extrême-Onction. La violence du mal ne l'empêcha point d'être uni à Dieu, de produire des actes de toutes les vertus, et de s'appliquer avec goût à la lecture qu'il se faisait faire de la Passion de Notre-Seigneur, du sermon d'après la Cène et des prières pour les agonisants. La veille de sa mort il témoigna à son confesseur, qu'ayant tâché d'imiter saint Joseph durant sa vie, il voudrait lui ressembler à la mort, y étant assisté de Jésus et de Marie. Nous avons sujet de croire qu'il a été exaucé, puisque, quelques heures avant qu'il expirât, il prit tout à coup un visage riant et plus serein qu'à l'ordinaire, et, tirant ses bras de dessous sa couverture, il s'éleva et s'assit sur son lit, faisant comme s'il eût embrassé quelques personnes bien chères, et arrêtant la vue vers les pieds du lit, il s'écria : Jésus, Marie Joseph; ensuite il continua avec plus de ferveur que jamais à faire des actes d'amour de Dieu. Vers une heure après midi, il se confessa encore avec de grands signes de contrition, et reçut l'absolution sacramentale. Une demi heure après, pendant qu'on faisait la recommandation de l'âme, il expira dans l'exercice actuel du saint amour, ayant gagné l'indulgence plénière de la Compagnie, et celle du Jubilé qu'on gagnait alors ici.

Comme le P. Chaumonot était dans une très-haute réputation de sainteté, on lui a rendu la plupart des honneurs qu'on rend aux Bienheureux après leur mort. On le visitait en foule ; on lui baisait les mains, on arrachait ses cheveux et ses dents ; à peine pouvait-on fournir à contenter les personnes qui demandaient de ses reliques et à qui on a distribué en petits morceaux une grande partie de sa soutane, sans parler ni de ses écrits ni des autres choses qui ont été à son usage. Jamais on n'a vu en Canada tant de monde à aucun enterrement qu'au sien. Monseigneur l'évêque avec son Chapitre, le Gouverneur, l'Intendant, les Officiers de guerre, les Conseillers, Madame l'Intendante, tous les bourgeois et artisans de la ville avec les habitants de deux à quatre lieues aux environs et les Sauvages même avec plus d'empressement que les autres assistèrent à ses obsèques. Plusieurs qui l'ont réclamé ont reçu par son intercession des faveurs miraculeuses. Entre les principales vertus où il a excellé, la première et comme le fondement de toutes les autres a été l'humilité. Il prenait occasion de tout, de s'humilier et de faire connaître à quiconque lui parlait la bassesse de son extraction. Il voulait passer pour le dernier des Jésuites en science et en vertu. Il a souvent prié ses supérieurs et ses confesseurs de manifester aux autres ses défauts qu'il leur découvrait. Comme tous les jours il se confessait, il s'accusait des fautes de sa vie qu'il jugeait les plus grièves. Son confesseur lui demanda un jour si ce n'était point par scrupule qu'il en usait ainsi ; il répondit que non, mais que c'était : 1° parce qu'il ne se confessait point de ses anciens péchés qu'il ne sentît au même moment une grâce particulière ; 2° à cause que le P. Antoine Daniel lui ayant apparu après son martyre et ayant demandé à ce cher défunt : « Que puis-je faire pour être bien agréable à Dieu ? »ce bienheureux missionnaire lui avait répondu : « N'oubliez jamais vos péchés. » C'est dans le même esprit d'humilité qu'il n'a jamais demandé ni refusé aucun emploi, qu'il a toujours fui les charges, les honneurs et les louanges autant qu'il a pu, et qu'il paraissait toujours l'inférieur de ceux qui étaient sous lui. Il prenait le pire pour le vivre, le logement et les habits. Il se faisait un plaisir d'instruire les enfants et de converser avec les pauvres. S'il écrivait à des personnes de connaissance, il signait ainsi ses lettres : le pauvre Hechon. Hechon était le nom que les sauvages avaient donné à l'illustre Père de Brebeuf et qu'il prit pour ressusciter en sa personne ce grand apôtre du Canada. Mais pour marquer qu'il n'était pas digne de ce nom, il y joignait le surnom de pauvre. Et certes il avait droit de porter ce surnom en un bon sens, puisqu'il vivait en une extrême pauvreté et pratiquait cette belle vertu jusque dans les plus petites choses. Il s'abstenait de manger ce qu'il jugeait devoir être donné aux pauvres, et lui-même, après le repas, ramassait les restes pour leur en faire du potage ou quelque ragoût qu'il portait jusque chez eux s'ils étaient malades.

Comme on était persuadé, en France aussi bien qu'en Canada, que les aumônes pour être bien distribuées ne pouvaient être en meilleures mains que les siennes, on lui envoyait souvent d'assez bonnes sommes, avec lesquelles il a retiré de la nécessité plusieurs familles. Un de ses principaux soins pour cela était de fournir aux pauvres de quoi ensemencer leurs terres, et de louer des ouvriers pour cultiver les champs des malades. Il y travaillait même pour encourager par son exemple. Il se rendait aimable à tout le monde par sa douceur inaltérable, qui paraissait lors même qu'il était obligé d'user de quelque sévérité. C'est ce qui lui attirait la confiance de ceux même qui l'avaient offensé. Plus on l'a chargé d'injures et même de coups, plus il a eu de tendresse et de charité pour ses persécuteurs. Il n'était austère qu'à lui-même; ses pénitences excessives lui causèrent la plupart de ses maladies. Avant son entrée en la Compagnie, il avait déjà pratiqué tant de jeûnes et d'autres mortifications, qu'il s'est lui-même étonné comment son corps y avait pu résister. Sa vie a été encore plus crucifiée dans ses premières années de religion et de missions. Il a fallu que les supérieurs lui aient donné des personnes qui modérassent les saintes cruautés qu'il exerçait sur lui-même ; et il a été souvent guéri comme par miracle des maladies qu'il s'était causées. Son attrait pour la croix lui fit demander les missions de Canada ; il lui a fait plusieurs fois chercher le martyre, et lui a fait souffrir avec joie toutes sortes de persécutions. L'on peut de là juger quel était son amour pour Dieu; et si l'on veut en avoir encore d'autres preuves, il ne faut que se souvenir du vœu qu'il fit en 1638 de chercher en toutes choses la plus grande gloire de Dieu, ce qu'il a gardé très-fidèlement toute sa vie. Il n'était sensible que pour ce qui était ou pour ou contre Dieu; et, les dernières années de sa vie, ayant appris la ligue de plusieurs princes catholiques avec les hérétiques, il n'est pas croyable combien il a fait de prières, de vœux et même d'associations avec des personnes dévotes, afin que la religion triomphât de l'impiété. Il ne pouvait entendre sans une extrême horreur, qu'en quelque lieu, il se fût commis quelque sacrilége; et nommément si la divine Eucharistie avait été profanée. Le désir d'y voir Notre-Seigneur honoré le tenait comme attaché aux pieds des autels; et c'était avec des lumières tout extraordinaires et de très-grands transport d'amour qu'il contemplait l'amour et la gloire infinie que Jésus rend, pour nous, à son Père dans le très-saint Sacrement.

Encore qu'il ait eu, dès son Noviciat, un sublime don d'oraison et de présence de Dieu, son attrait pour la prière ayant toujours augmenté, il s'est élevé dans la suite au plus haut degré de la contemplation. Cependant on peut dire qu'il était habituellement dans un état d'oraison affective, qui lui faisait trouver du goût, pendant plusieurs années, à produire des actes de vertu sur une vérité qu'il avait ou pénétrée par spéculation ou découverte par la foi, ou plutôt reçue du ciel par révélation.

Notre-Seigneur, la sainte Vierge, saint Ignace et plusieurs autres Bienheureux l'ont quelquefois honoré de leurs visites et de leur entretien. Il les a très-souvent vus et entendus intellectuellement dans le fond de son âme, et il a eu avec eux et avec Dieu des communications si ineffables, que quoiqu'il eût naturellement l'esprit bon, et une éloquence plus divine qu'humaine, il ne pouvait expliquer que la moindre partie de ces sortes de grâces.

Il serait trop long de raconter ici une infinité de choses qui ne peuvent pas être réitérées dans une lettre. J'écrirais un volume entier si je voulais seulement rapporter les conversions qu'il a faites, ou les merveilles que Dieu a opérées par son zèle et par ses prières. Si quelqu'un en veut prendre la peine, nous lui fournirons volontiers de fidèles mémoires que nous avons déjà ramassés pour en composer la vie du P. Chaumonot, pour qui cependant nous demandons à Votre Révérence les suffrage ordinaires de la Compagnie.]

Cette copie se termine ainsi brusquement et sans signature.

APPENDICE.

Dans la sixième lettre du P. Chaumonot nous avons lu l'expression de ses regrets sur la mort du jeune Douard qui s'était voué au service de la mission. Un autre de ces serviteurs dévoués, appelé René Goupil, avait, sept ans auparavant, enduré le martyre chez les Iroquois; mais avant d'expirer il eut le bonheur de faire ses vœux et de mourir religieux de la Compagnie de Jésus. Nous copions la notice du F. René Goupil sur le manuscrit original du P. Isaac Jogues : c'est la mort d'un martyr racontée par un autre martyr.

Récit de la mort du F. René Goupil, copié sur le manuscrit autographe du P. Isaac Jogues.

René Goupil étoit Angevin qui en la fleur de son âge demanda avec presse d'estre receu en nôtre noviciat de Paris où il demeura quelques mois avec beaucoup d'édification. Ses indispositions corporelles luy ayant osté le bonheur de se consacrer en la Sainte Religion comme il en avoit de grands désirs, lorsqu'il se porta mieux, il se transporta à la Nouvelle-

France pour y servir la Compagnie, puisqu'il n'avoit pas eu le bien de s'y donner dans l'ancienne. Et pour ne rien faire de son chef, quoyqu'il fut pleinement maistre de ses actions il se soubmit totalement à la conduite du Supérieur de la mission qu'il l'employa deux années entières aux plus vils offices de la maison desquels il s'aquitta avec beaucoup d'humilité et de charité. On luy donna aussy le soin de panser les malades et les blessés de l'hospital ce qu'il fit avec autant d'adresse, étant bien intelligent dans la chirurgie, que d'affection et d'amour, regardant continuellement Notre-Seigneur en leur personne. Il laissa une si douce odeur de sa bonté et de ses autres vertus en ce lieu, que sa mémoire y est encore en bénédiction.

Comme nous descendimes des Hurons en juillet 1642, nous le demandasmes au R. P. Vimont pour l'emmener avec nous, parceque les Hurons avoient grand besoin d'un chirurgien; il nous l'accorda. Il ne se peut dire la joye que receut ce bon jeune homme quand le Supérieur lui dit qu'il se préparast pour le voyage, il scavoit bien néantmoins les grands dangers qu'il y avoit sur la rivière, il scavoit comme les Iroquois étaient enragez contre les François, néantmoins cela ne fut pas capable qu'au moindre signe de la volonté de celuy auquel il s'estoit remis volontairement de tout ce qui le touchoit, il ne se mit en chemin pour aller aux Trois-Rivières.

Nous en partismes le 1ᵉʳ d'août le lendemain de la feste de N. B. Père. Le 2, nous rencontrasmes les ennemis lesquels divisés en deux bandes nous attendoient avec l'avantage que peut avoir un grand nombre de gens choisis par-dessus un petit de toute sorte, qui combattent à terre contre d'autres qui sont sur l'eau en divers canots d'escorces.

Presque tous les Hurons s'estant enfuis dans le bois et nous ayant laissés, nous fusmes pris. Ce fut la ou sa vertu parut beaucoup, car dès qu'il se vit pris : O mon père ce me dit-il, Dieu soit bény, il l'a permis, il l'a voulu, sa sainte volonté soit faicte, ie l'ayme, ie la veux, ie la chéris et ie l'embrasse de toute l'estendue de mon cœur. Cependant que les ennemis poursuivaient les fuyards, ie le confessé et lui donné l'absolution ne sachant pas ce qui nous devoit arriver en suite de nôtre prise. Les ennemis estant retournez de la chasse se ietterent sur nous comme des chiens enragez à belles dents, nous arrachant les ongles, nous écrasant les doigts, ce que Goupil enduroit avec beaucoup de patience et de courage.

La présence de son esprit dans un si funeste accident parut en ce principalement qu'il m'aydoit, nonobstant la douleur de ses plaies en ce qu'il pouvoit à l'instruction des Hurons prisonniers qui n'estoient pas chrétiens.

Comme ie les instruisois séparement et comme ils se trouvoient, il me fit prendre garde qu'un pauvre vieillard nommé Ondouterraon, pourroit bien estre de ceux qu'on feroit mourir sur la place, leur coustume estant d'en sacrifier toujours quelqu'un à la chaleur de leur rage. Je l'instruisis à loisir pendant que les ennemis estoient attentifs à la distribution du pillage de douze canots, dont une partie estoient chargez des necessités de nos Pères des Hurons. Le butin estant partagé ils tuèrent ce pauvre vieillard au mesme moment presque que ie venois de lui donner une nouvelle naissance par les eaux salutaires du saint baptême. Nous eusmes encor cette consolation durant le chemin que nous fismes allant au pays ennemy d'estre ensemble où ie fus témoin de beaucoup de vertus.

Durant le chemin il estoit toujours occupé dans Dieu. Les paroles et les discours qu'il tenoit estoient toutes dans une soubmission aux ordres de la Divine Providence et une acceptation volontaire de la mort que Dieu luy envoyroit. Il se donnoit à luy en holocauste pour estre réduit en cendre par les feux des Iroquois que la main de ce bon Dieu allumeroit, il cherchoit les moyens de lui plaire en tout et par tout.

Un jour il me dit, ce fut peu après nôtre prise estant encor dans le chemin : Mon Père Dieu m'a toujours donné de grands désirs de me consacrer à son saint service par les vœux de la religion en sa sainte Compagnie, mes péchés m'ont rendu indigne de cette grâce jusqu'à cette heure. J'espère néantmoins que N. S. aura pour agréable l'offrande que ie luy veux faire maintenant, et faire en la façon la meilleure que ie pourray, les vœux de la Compagnie en la présence de mon Dieu et devant vous. Luy ayant accordé il les fit avec beaucoup de dévotion.

Tout blessé qu'il estoit, il pensoit les autres blessés tant des ennemis qui dans la meslée avoient receu quelque coup, que des prisonniers mesmes, il ouvrit la veine à un Iroquois malade : et tout cela avec autant de charité que s'il l'eust fait à des personnes fort amies.

Son humilité et l'obéissance qu'il rendoit à ceux qui l'avoient pris me confondoient. Les Iroquois qui nous menoient tous deux dans leur canot me dirent que j'eusse à prendre un aviron et nager, ie n'en volus rien faire estant superbe jusques dans la mort. Ilz s'adressèrent à luy quelque temps après, et tout incontinent il se mit à nager, et comme ces barbares par son exemple me vouloient induire à en faire autant, luy s'estant aperceu de cela me demanda pardon. Je lui fournis quelques fois durant le chemin la pensée de s'enfuyr comme la liberté qu'on nous donnoit luy en fournissoit assez d'occasion (car pour moi ie ne pouvois pas laisser l'autre françois, et vingt-quatre ou vingt-cinq prisonniers Hurons), il ne voulut jamais le faire, se remettant en tout à la volonté de N. S. qui ne luy donnoit point de pensée de le faire.

Dans le lac nous rencontrasmes deux cents Iroquois qui vindrent à Richelieu lorsqu'on commençoit à bastir le fort, ilz nous chargèrent de coups, nous mirent tout en sang et nous firent expérimenter la rage de ceux qui sont possédez par le démon. Il endura tous ces outrages et cruautez avec grande patience et charité à l'endroit de ceux qui le maltraitoient.

A l'abbord du premier bourg où nous fusmes si cruellement traités, il fit paroistre une patience et une douceur fort extraordinaire, estant tombé sous la gresle des coups de baston et de verge de fer dont on nous chargeoit, et ne se pouvant relever il fut apporté comme demy mort sur l'échafaut ou nous estions déja au milieu du bourg, mais dans un état si pitoyable qu'il eust faict pitié à la cruauté mesme, il estoit tout meurtry de coups et dans le visage on ne luy voyoit que le blanc des yeux; mais il étoit d'autant plus beau aux yeux des Anges qu'il étoit défiguré et semblable à celuy duquel il est dit : *Vidimus eum quasi leprosum* etc... *Non erat ei species neque decor.*

A peine avoit-il pris un peu haleine aussy bien que

nous qu'on luy vint donner trois coups sur les espaules d'un gros baston, comme on nous avoit faict auparavant. Quand on m'eust couppé le poulce comme au plus apparent, on s'adressa à luy, et on luy couppe le poulce droit à la première joincture disant incessamment durant ce tourment Jesus Maria Joseph. Durant six jours que nous fusmes exposez à tous ceux qui nous vouloient faire quelque mal il fit paroistre une douceur admirable, il eust toute la poitrine bruslée par des charbons et cendres chaudes que les jeunes garçons nous iettoient sur le corps, la nuit, estans liés à plate terre. La nature me fournissoit plus d'adresse qu'à luy pour esquiver une partie de ces peines.

Après qu'on nous eust donné la vie au mesme temps qu'un peu auparavant on nous avoit avertis pour estre bruslez, il tomba malade avec de grandes incommodités pour tous et nommement pour le vivre auquel il n'estoit pas accoutumé, c'est la ou on pourroit dire plus véritablement *non cibus utilis ægro*.

Je ne le pouvois soulager estant aussi bien malade et n'ayant aucun de mes doigts sain et entier. Mais ie me presse pour venir à sa mort à laquelle il n'y a rien manqué pour la faire d'un martyr.

Après six semaines que nous eusmes esté dans le pays, comme la confusion se fut mis dans les conseilz des Iroquois dont une partie vouloit bien qu'on nous remenât, nous perdismes l'espérance que je n'avois guère grande, de revoir cette année-là les Trois-Rivières. Nous nous consolions donc l'un l'autre dans la disposition divine et nous apprestions à tout ce qu'elle ordonneroit de nous. Il n'avoit pas tant de veüe du danger dans lequel nous estions, ie le voyois mieux que luy. Ce qui me faisoit souvent lui dire que nous nous tinssions prets. Un jour donc que dans les peines de nôtre esprit nous estions sortis hors du bourg pour prier plus doucement et avec moins de bruict, deux jeunes hommes vinrent après pour nous dire que nous eussions à retourner à la maison. J'eus quelque pressentiment de ce qui devoit arriver et luy dis : Mon tres cher frère recommandons-nous à Notre-Seigneur et à notre bonne Mère la sainte Vierge, ces gens ont quelque mauvais dessein comme ie pense. Nous nous estions offerts à Notre-Seigneur peu auparavant avec beaucoup d'affection, le suppliant de recevoir nos vies et notre sang, et de les unir à sa vie et à son sang pour le salut de ces pauvres peuples. Nous nous en retournons donc vers le Bourg recitant notre chappellet duquel nous avions déja dit quatre dixaines. Nous estant arrestés vers la porte du bourg pour voir ce qu'on nous ι droit dire, un de ces deux Iroquois tire une hache qu'il tenoit cachée soubs sa couverte et en donne un coup sur la teste de René qui estoient devant luy, il tomba tout roide la face sur terre prononçant le saint nom de Jésus (souvent nous nous avertissions que ce saint nom fermast et notre voix et notre vie), au coup ie me tourne et vois une hache tout ensanglantée, ie me mets à genoux pour recevoir le coup qui me devoit joindre à mon cher compagnon; mais comme ils tardoient ie me relève, ie cours au moribond qui estoit tout proche, auquel ils donnèrent deux autres coups de hache sur la teste, et l'achevèrent; luy ayant premierement donné l'absolution que ie luy donnois depuis notre captivité toujours de deux jours l'un après s'estre confessé.

Ce fut le 29 de septembre feste de saint Michel que cet ange en innocence et ce martyr de J.-C. donna sa vie pour celuy qui luy avoit donné la sienne. On me fit commandement de me retirer en ma cabane où j'attendis le reste du jour et le lendemain le mesme traitement et c'estoit bien la pensée de touts que ie ne la ferois pas longue puisque celuy la avoit commencé et en effet ie fus plusieurs jours qu'on venoit pour me tüer. Mais Notre-Seigneur ne le permit pas par des voyes qui seroient trop longues à expliquer. Le lendemain matin ie ne laissé pas de sortir, de m'enquester ou on avoit ietté ce bienheureux corps, car ie le voulois enterrer à quelque prix que ce fus. Quelques Iroquois qui avoient encor quelque envie de me conserver me dirent : « Tu n'as pas d'esprit, tu vois qu'on te cherche par tout pour te tüer, et tu sors encor, tu veux aller chercher un corps déjà demy gasté qu'on a trainé loin d'icy, ne vois-tu pas cette jeunesse qui sort, et qui te tuera quand tu seras hors des pieux ».? Cela ne m'arresta pas et Notre-Seigneur me donna assez de courage pour vouloir mourir dans cet office de charité. Je vais, je cherche et à l'ayde d'un algomquin pris austrefois et maintenant vray Iroquois ie le trouvé.

Les enfants après qu'on l'eust tué l'avoient dépouillé et trainé la corde au col dans un torrent qui passe au pied de leur bourg : les chiens lui avoient déja mangé une partie des reins, ie ne pus tenir mes larmes à ce spectacle, ie pris ce corps et à l'ayde de cet algomquin ie le mis au fond de l'eau chargé de grosses pierres, affin qu'on ne le vit, faisant mon conte que ie viendrais le lendemain avec un hoyau lorsqu'il n'y auroit personne, que ie ferois une fosse et que ie l'y mettrois. Ie croyois que ce corps fut bien caché, mais peut estre quelques uns qui nous virent, principalement de la jeunesse, le retirèrent.

Le lendemain comme on me cherchoit pour me tuer, ma *tante* (nom donné à qui appartient le prisonnier) m'envoya à son champ pour esquiver, comme ie pense, ce qui fut cause que ie remis au lendemain, jour auquel il plut toute la nuit, de sorte que ce torrent grossit extraordinairement.

J'emprunté un hoyau hors de chez nous pour mieux cacher mon dessein. Mais comme i'approche du lieu, ie ne trouve plus ce bienheureux dépost ; ie me mets à l'eau qui estoit déjà bien froide, ie vais et viens, ie sonde avec mon pied si l'eau n'a point soulevé et entrainé le corps, ie ne trouve rien, combien versé ie de larmes qui tomboient jusque dans le torrent, chantant comme ie pouvois des psaumes que l'église a coustume de réciter pour les morts. Enfin ie ne trouvé rien, et une femme de ma connoissance qui passa là et me vit en peine, me dit, lorsque ie luy demandé si elle ne scavoit point ce qu'on en avoit faict, qu'on l'avoit trainé à la rivière, qui estoit un quart de lieu de là, et que ie ne connoissois pas. Cela estoit faux, la jeunesse l'avoit rétiré et trainé dans un petit bois, proche ou l'autone et l'hyver, les chiens, les corbeaux et les renards le mangèrent ; le printemps comme on me dit que c'estoit là qu'on l'avoit trainé, i'y allé plusieurs fois sans rien trouver, enfin la quatrième fois, ie trouve la teste et quelques os demy rongés, que i'enterré dans le dessein de les emporter, si on me remenoit aux Trois-Rivières comme on en parloit ; ie les baisé bien dévotement par plusieurs fois comme les os d'un martyr de Jésus-Christ.

Ie luy donne ce titre non seulement parce qu'il a esté tué par les ennemis de Dieu et de son église, et dans l'emploi d'une ardente charité à l'endroict du prochain, se mettant dans le péril évident pour l'amour de Dieu : mais particulierement parce qu'il a esté tué pour *la prière* et nommement pour la sainte Croix.

Il estoit dans une cabane où il faisoit presque toujours des prières, cela ne plaisoit guères à un vieillard superstitieux qui y étoit. Un jour voyant un petit enfant de trois ou quatre ans de la cabane, par un excès de dévotion et d'amour à la Croix, et par une simplicité que nous autres qui sommes plus prudens selon la chair que luy n'eussions pas faicte, osta son bonnet, le mist sur la teste de cet enfant et lui fit un grand signe de croix sur le corps. Ce vieillard voyant cela commanda a un jeune homme de sa cabane qui devoit partir pour la guerre, de le tuer, ce qu'il exécuta comme nous avons dit.

La mère mesme de l'enfant dans un voyage où ie me trouvé avec elle me dit que c'estoit à cause de ce signe de croix qu'il avoit été tüé, et le vieillard qui avoit faict le commandement qu'on le tuast, un jour qu'on m'appela dans sa cabane pour manger ; comme ie faisois le signe de la croix devant, me dit: Voyla ce que nous haissons, voila pourquoy on a tüé ton compagnon, et pourquoy on te tüera. Nos voysins les Européens ne font point cela. Quelquefois aussy comme ie priois à genoux durant la chasse on me disoit qu'on haissoit ces façons de faire pour lesquelles on avoit tüé l'autre François, et que pour cette raison on me tüerait quand ie rentrerois dans le bourg.

Je demande pardon à Votre Révérence de la précipitation avec laquelle j'écris cecy et du manque de respect que i'y commets, elle m'excusera s'il lui plaist, ie craignois de manquer à cette occasion à m'aquiter d'un devoir duquel ie devrois m'estre deja aquité il y a longtemps.

Nota. — *Notre intention était de donner dans cet appendice les* VOEUX *des Hurons à Notre-Dame de Chartres; mais sachant que ces pièces ont été déjà publiées par M. de Boisthibault; il nous semble superflu de les reproduire ici.*

CATALOGUE

PAR ORDRE CHRONOLOGIQUE DES MEMBRES DE LA COMPAGNIE DE JÉSUS, ENVOYÉS DANS LES MISSIONS DU CANADA ET DE LA LOUISIANE (1611-1800).

NOTA. — *Ce Catalogue, corrigé et complété, annule celui qui a paru en 1865.*

Les noms marqués d'un * sont copiés sur les signatures autographes. A. indique l'arrivée au Canada. — R. le retour. — M. la mort.

1. Biard, *Pierre.* * A. 12 juin 1611. R. 1613. M. à Avignon, 19 nov. 1622.
2. Masse, *Enemond.* * A. 12 juin 1611. M. à Québec, 12 mai 1646.
3. Quentin, *Jacobus.* A. 1613. R. 1614. M. 18 avr. 1647.
4. Lalemant, *Charles.* * A. 19 juin 1625. R. 1638. M. à Paris, le 18 nov. 1674.
5. Brebeuf, *Jean de.* * A. 19 juin 1625. Tué par les Iroquois, le 16 mars 1649.
6. Nouë, *Anne de.* * A. 14 juillet 1626. M. gelé le 1er ou le 2 février 1646.
7. Noirot, *Philibert.* A. 14 juillet 1626. M. noyé le 24 août 1629.
8. Ragueneau, *François.* A. 1628. Pris et ramené par les Anglais, 1628.
9. Vieuxpont, *Alexandre de.* A. 24 août 1629. R. 1630. (Il n'aborda qu'à l'île du cap Breton.)

10. Vimont, *Barthélemy*. * A. 24 août 1629. R. 26 oct. 1659. M. à Vannes, 13 juillet 1667.
11. Le Jeune, *Paul*. * A. 16 juillet 1632. R. 30 oct. 1649. M. à Paris, 7 août 1664.
12. Daniel, *Antoine*. A. au cap Breton, 1632. Tué par les Iroquois le 4 juillet 1648.
13. Davost, *Ambroise*. A. au cap Breton, 1632. M. sur mer en 1643.
14. Perrault, *Julien*. A. 30 avril 1634. R. 1635.
15. Richard, *André*. * A. 17 mai 1634. M. à Québec, le 21 mars 1681.
16. Buteux (ou Bulteux), *Jacques*. * A. 24 juin 1634. Tué par les Iroquois, près des Trois-Rivières, le 10 mai 1652.
17. Dumarché, *Charles*. A. 2 juillet 1635. R. en 1637. M. à Quimper, 17 janvier 1661.
18. Quentin, *Claude*. * A. en 1635. R. 20 oct. 1647. M. à la Flèche, le 31 oct. 1676.
19. Pijart, *Pierre*. * A. 10 juillet 1635. R. 23 août 1650. M. à Dieppe, 26 mai 1679.
20. Le Mercier, *François*.* A. 20 juillet 1635. R. en 1673. M. à la Martinique, le 16 oct. 1692 (cat. rom.)
21. Dequen, *Jean*. * A. 17 août 1645. M. à Québec 8 oct. 1659.
22. Turgis, *Charles*. A. en 1635. M. à Miskou, 4 mai, 1637.
23. Adam, *Nicolas*. * A. 11 juin 1636. R. en 1641. M. à La Flèche, 29 mars 1659.
24. Chastellain, *Pierre*. * A. 11 juin 1636. M. à Québec, 15 août 1684.
25. Garnier, *Charles*. * A. 11 juin 1636. Tué par les Iroquois, le 7 déc. 1649.

26. Ragueneau, *Paul*. * A. 28 juin 1636. R. 12 août 1662. M. à Paris, 3 sept. 1680.
27. Jogues, *Isaac*. * A. 2 juillet 1636. Tué le 16 oct. 1646.
28. Eudemare, *Georges d'*. * A. en 1636. M. en 1649 au Canada.
29. Delaplace, *Jacques*. * A. en 1637. R. 1661. M. à Quimper, le 15 sept. 1668.
30. Gondoin, *Nicolas*. A. en 1637. R. en 1637.
31. Pijart, *Claude*. * A. 14 juillet 1637. M. à Québec, 16 nov. 1683.
32. Raymbault, *Charles*. * A. en 1637. M. à Québec, 22 oct. 1642.
33. Lalemant, *Jérôme*. * A. 25 juin 1638. M. à Québec, 26 janv. 1673.
34. Le Moyne, *Simon*. * A. 30 juin 1638. M. au cap de la Magdel. le 24 nov. 1665.
35. Duperon, *François*. * A. 30 juin 1638. M. à Chambly, 10 nov. 1665.
36. Chaumonot, *Pierre* (Joseph-Marie). * A. 1er août 1639. M. à Québec, 21 février 1693.
37. Poncet, *Joseph-Ant*. * A. 1er août 1639. R. 18 sept. 1657. M. à la Martinique, 11 al. 18 juin 1675.
38. Duperon, *Jos.-Imbert*. * A. juillet 1640. R. 6 sept. 1658.
39. Ménard, *René*. * A. 8 juillet 1640. M. dans les bois près du lac Supérieur, en août 1661.
40. Dolebeau, *Jean*. A. en 1640. M. sur mer au retour, par explosion du vaisseau, en 1643.
41. Bressani, *Franç.-Jos*. * A. en 1642. R. 2 nov. 1650. M. à Florence, 9 sept. 1672.
42. Chabanel, *Noël*. * A. 15 août 1643. Tué par les Iroquois, 8 déc. 1649.

43. Lyonne, *Martin de.* * A. 15 août 1643. M. en Acadie 16 janv. 1661.
44. Garreau, *Léonard.* * A. 15 août 1643. Tué par les Iroquois, le 2 sept. 1656.
45. Druilletes, *Gabriel.* * A. 15 août 1643. M. à Québec, 8 avril 1681.
46. Daran, *Adrien.* A. 6 août 1646. R. 21 sept. 1650. M. à Vannes, 24 mai 1670.
47. Lalemant (ou Lalement), *Gabriel.* * A. 20 sept. 1646. Tué par les Iroquois, le 17 mars 1649.
48. Defrétat, *Amable.* * A. en sept. 1646. R. 11 oct. 1647.
49. Bailloquet, *Pierre.* * A. 25 juin 1647. M. au Canada, 27 juin 1692.
50. Grelon, *Adrien.* * A. 14 août 1647. R. 23 août 1650. M. en France, 1697. (Miss. en Chine 1657-1670.)
51. Bonin, *Jacques.* * A. 14 août 1647. R. 21 sept 1560. M. à la Martinique, 4 nov. 1659.
52. Albanel, *Charles.* * A. 23 août 1649. M. en Canada, 11 janv. 1696.
53. Fremin, *Jacques.* * A. en 1654. M. à Québec, 20 juil. 1691.
54. Dablon, *Claude.* * A. en 1655. M. à Québec, 20 sept. 1697.
55. Allouez, *Claude-J.* * A. 11 juillet 1658. M. aux Ottawais, en 1689 ou 90:
56. Nouvel, *Henri.* * A. 4 août 1662. M. aux Ottawais, en 1702.
57. Simon, *Charles.* A. 27 oct. 1662. R. 6 sept. 1663.
58. Garnier, *Julien (Schol.).* * A. 27 oct. 1662. M. à Québec, 31 janvier 1730.
59. Raffeix, *Pierre.* * A. 22 sept. 1663. M. à Québec, août 1724, à 89 ans.

60. Nicolas, *Louis.* * A. 25 mai 1664. R. en 1675.
61. Beschefer, *Thierry.* * A. 19 juin 1665. R. en 1690.
62. Bardi, *Claude.* A. 30 juin 1665. R. 28 août 1667.
63. Bruyas, *Jacques.* A. 3 août 1666. M. au Saut-Saint-Louis, chez les Iroquois, 15 juin 1712.
64. Elye, *Jean-Fr.* (*Schol.*). A. 3 août 1666. R. 14 oct. 1667. Demissus.
65. Carheil, *Etienne de.* * A. 6 août 1666. M. à Québec, 27 juillet 1726.
66. Marquette, *Jacques.* * A. 20 sept. 1666. M. au lac Michigan, 19 mai 1675.
67. Pierron, *Jean.* * A. 27 juin 1667. R. en 1678.
68. Millet, *Pierre.* * A. 5 août 1667. M. à Québec, 22 mars 1708.
69. Beaulieu, *Louis de.* * A. 25 sept. 1667. R. en 1670.
70. Pierson, *Philippe* (*Schol.*). * A. le 25 sept. 1667. M. au Canada, en 1688.
71. Blanchet, *Jean.* * A. en 1668. R. en 1670.
72. Boniface, *François.* A. en 1669. M. à Québec, le 17 déc. 1674.
73. André, *Louis.* * A. 7 juin 1669. M. à Québec, 19 sept. 1715.
74. Lamberville, *Jean de.* * A. en 1669. R. en 1692. M. à Paris, 10 févr. 1714.
75. Matthieu, *Guillaume.* * A. en 1670. R. en 1676. M. à la Rochelle, le 5 (al. 10) février 1677.
76. Crépieul, *François de.* * A. en 1670. M. au Canada, en 1702.
77. Dalmas, *Antoine.* * A. en 1670. Tué à la baie d'Hudson, le 3 mars 1693.
78. Vaillant de Guelis, *Franç.* (*Schol.*). * A. en 1669. R. en 1715. (Lett. du P. Germain).

79. Robaud, *Jacques.* A. en 1670. M. en route 1670, en assistant les malades.
80. Silvy, *Antoine.* * A. 30 sept. 1673. M. à Québec, 8 mai 1711.
81. Bouvart, *Martin.* * A. 30 sept. 1673. M. à Québec, le 10 août 1705.
82. Vaultier, *Jacques.* * A. en 1673. R. en 1681.
83. Boucher, *Jean-B.* * A. en 1674. R. en 1680. M. en retournant au Canada, 1686.
84. Lamberville, *Jacques de.* * A. en 1674. M. au Canada, en juin 1710.
85. Cholenec, *Pierre.* * A. en 1674. M. à Québec, 13 oct. 1723.
86. Morain, *Jean (Schol.).* * A. en 1674. M. à Québec, 14 fév. 1687.
87. Bonnault, *André.* * A. en 1676. R. en 1679.
88. Enjalran, *Jean.* * A. en 1676. R. 1688. M. à Rodez, 11 avril 1718.
89. Thouvenot, *Claude (Schol.).* A. en 1676. R. en 1679.
90. Chauchetière, *Claude.* * A. en 1677. M. à Québec, le 17 avril 1709.
91. Potier, *Nicolas.* * A. en 1677. M. à Québec, 4 mai 1689.
92. Bigot, *Jacques.* * A. en 1679. M. à Québec, en avril 1711.
93. Bigot, *Vincent.* * A. en 1680. R. en 1713. M. à Paris, 7 sept. 1720. (Lett. obit.)
94. Gassot, *Henri-Jos.* * A. en 1683. M. à Sillery, le 13 déc. 1685.
95. Gravier, *Jacques.* * A. en 1684. M. sur mer, 26 avril 1708.
96. Aveneau, *Claude.* * A. en 1685. M. aux Illinois, le 14 sept. 1711.
97. Chicard, *François.* A. en 1686. R. en 1695.

98. Marest, *Joseph-Jacq.* * A. en 1686. M. à Montréal, en oct. 1724.
99. Dupuy, *Gaspard.* A. en 1686. M. en route, en 1686.
100. Viguier, *Jean.* * A. en 1687. R. ou M. en 1699.
101. Germain, *Joseph.* * A. en 1687. M. en janv. 1722, à Québec.
102. Favre (Faure *et* Fabvre), *Bonaventure.* A. en 1688. M. à Québec, 6 déc. 1696, a.. 1701.
103. Fontenoy, *François.* A. en 1688. Absent après 1689.
104. Rale, *Sébastien.* * A. le 13 oct. 1689. Tué en Acadie par les Anglais, le 23 août 1724.
105. Couvert, *Michel-Germ. de.* * A. en 1689. M. à Québec, 13 décemb. 1714.
106. Bunou, *Jacq.-Phil.* (Schol.). A. en 1689. R. en 1695. M. à Rennes 11 oct. 1739.
107. Pearon, *Jean* (Schol.). A. en 1689. R. en 1691. M. à Moulins, 28 mars 1712.
108. Bineteau, *Julien.* * A. en 1691. M. aux Illinois le 25 déc. 1699.
109. Marest, *Pierre-Gabriel.* A. en 1694. M. aux Illinois en sept. 1715.
110. Pinet, *Pierre.* A. en 1694. M. 16 juillet 1704.
111. Lagrené, *Pierre de.* A. en 1694. M. en 1736.
112. Ruël, *Philippe-Jacq.* (Schol.). * A. en 1694. R. 1698.
113. Aubery, *Joseph* (Schol.). * A. en 1694. M. au Canada, 2 juillet 1756, al. 22 mai 1756.
114. Bradehale, *François.* A. en 1695. R. ou M. en 1697.
115. Le Blanc, *Augustin.* * A. en 1697. R. en 1700. M. à Beaugency, 26 février 1723.
116. Mermet, *Jean.* *A. en 1698. M. en Canada 15 sept. 1716.
117. Limoges, *Joseph de.* A. en 1698. R. en 1703. M. à Vannes, 30 janv. 1704.

118. Avaugour, *Louis d'* (*Schol.*). * A. en 1698. R. avant 1723. M. à Paris, 4 février 1732.
119. Mallemain, *Pierre de* (*Schol.*). * A. en 1698. R. en 1703.
119 bis. Poncet, *Jos.-Ant.* M. en allant au Canada, 12 août 1697.
120. Chardon, *Jean-B.* * A. en 1699. M. à Québec, 11 avril 1743.
121. Du Rue, *Paul*, al. *César-Jean.* A. en 1699. R. 1702. M. à Orléans, le 22 avril 1722.
122. Duperet, *Jacques* (*Schol.*). A. en 1699. R. en 1750.
123. Baurie, *Jean.* A. en 1699. R. en 1702.
124. La Chasse, *Pierre de.* * A. en 1699. M. à Québec, 27 sept. 1749.
125. Dongé, *Pierre.* A. en 1700. M. en mer en 1794.
126. La Tour, *Urbain de* (*Schol.*). A. 1700. R. en 1708. M. à la Flèche, 22 mars 1709.
127. Charlevoix, *Pierre-François-Xavier de* (*Schol.*). * A. en 1705. R. en 1709. (Voyage en Canada 1720-22.)
128. Du Puys, *Claude* (*Schol.*). * A. 1705. Encore à Québec en 1737. (Sorti avant 1744.)
129. Duparc, *Jean-B.* * A. en 1707. M. à Québec, janvier 1742.
130. Deville, *Jean-Marie.* A. en 1707. M. aux Illinois le 15 juin 1720. (Lettre ob.)
131. Lebrun, *François.* * A. en 1707. M. à Québec, le 16 juillet 1721.
132. Mareuil, *Pierre de.* A. en 1707. R. en 1713. M. à Paris, 19 avril 1742.
133. Villette, *Louis de* (*Schol.*). A. en 1709. R. en 1716.
134. Heu, *Jacques d'.* * A. en 1708. M. en Canada, janvier 1742.

135. Lauverjat, *Etienne*. A. en 1711, al. 1713. M. à Québec, 16 novembre 1761.

136. Laure, *Pierre (Schol.)*. A. en 1711. M. en Canada, 22 novembre 1738.

137. Loyard, *Jean-B.* A. en 1711. M. à Québec, le 21 juin, al. 10 sept. 1731.

138. Lafitau, *Jos.-Franç.* * A. en 1712. R. en 1717. M. à Bordeaux, 3 juillet 1746.

139. Dumans, *Léonard-Martin*. A. en 1713. M. à Québec, le 27 mars 1715.

140. Richer, *Pierre*. * A. en 1714, al. 1718. M. à Québec, 17 janvier 1770.

141. Buisson. A. en 1714. R. ou M. en 1718.

142. Gérard, *Bertrand-Louis*. A. en 1715. M. à Québec, 30 déc. 1735.

143. Guymoneau, *Jean-Ch.* * A. en 1715. M. aux Illinois, 8 février 1736.

144. Daniélou, *Jean (Schol.)*. * A. en 1715. M. à Québec, 23 mai 1745.

145. Le Boulanger, *Jean*. A. en 1716. M. à la Louisiane, 4 nov. 1740.

146. Le Sueur, *Jacques*. A. en 1716. M. à Montréal, 26 avr. 1760.

146 bis. Loyard, *Guill.* A. 1716. R. 1719.

147. Kereben, *François de*. A. en 1716. M. aux Illinois, 2 fév. 1728.

148. Guignas, *Michel.* * A. en juin 1716. Encore à Québec, en 1746.

149. Syresme, *Jacques de (Schol.)*. A. en 1716. M. au Canada, 28 août 1747.

150. Lauzon, *Pierre de.* * A. en 1716. M. à Québec, 5 sept. 1742.

151. Beaubois, *Nicolas de*. * A. en 1718. R. en 1735.
152. Saint-Pé, *Jean de.* * A. en 1719. M. le 8 juillet 1770.
153. Lamarche, *Jean-Franç. de* (*Schol.*). A. en 1720. R en 1723.
154. La Bretonnière, *Jacques-Quentin de.* A. en 1721. M. à Québec, 1er août 1754.
155. Mesaiger, *Charles.* * A. en 1722. R. en 1749. M. à Rouen, 7 août 1766.
156. Allioux, *Jean-Vincent* (*Schol.*). A. en 1722. R. en 1729.
157. Baudouin, *Michel.* A. en 1728. M. à la Nouvelle-Orléans, 1766.
158. Courcy, *Charles-Antoine de* (*Schol.*). A. en 1723. M. à Québec, le 5 mai 1727.
159. Marcol, *Gabriel.* A. en 1724. M. ou R. en 1756.
160. Du Dezert, *Charles.* A. en 1724. R. avant 1730. M. à la Flèche, 10 févr. 1735.
161. La Germandière, *Rodolphe de.* M. sur mer, en 1725, en allant en Canada.
162. Degonnor, *Nicolas.* * (Catal. 1758 : de Gonnor.) A. en 1725. M. à Québec, en 1759.
163. Deslandes, *Joseph.* A. en 1726. R. en 1741. M. à Paris, procureur, en 1742, 25 janv.
164. La Richardie, *Armand de.* A. en 1725, M. à Québec 23 mars 1758. (Cat. rom.)
165. Du Poisson, *Paul.* A. en 1726. Tué par les Natchez le 28 nov. 1729.
166. Le Petit, *Mathurin.* * A. en 1726. M. en Louisiane, 13 oct. 1739. (Cat. rom.)
167. Souël, *Jean.* A. en 1726. Tué par les Iasous, le 11 déc. 1729.
168. Butler, *Guillaume* (*Schol.*). A. en 1726. R. 1731.
169. Guyenne, *Alexis-Xavier de.* A. en 1727. M. aux Illinois, en 1762. (Cat. Rom.)

170. Tartarin, *René*. A. le 23 juillet 1727. M. en Louisiane 24 sept. 1745.
171. Dumas, *Jean*. * A. en 1626. R. avant 1740.
172. Outreleau, *Etienne d'*. A. en 23 juillet 1727. R. en 1747.
173. Guyon, *Louis (Schol.)*. A. 1728. R. en 1731.
174. Incarville, *Pierre d' (Schol.)*. A. en 1730. R. à Paris, en 1739. M. à Pékin, 12 juin 1757.
175. Maurice, *Jean-B. (Schol.)*. A. en 1730. M. à Québec, le 20 mars 1746 (al. 2 mars).
176. Guesnier, *François-Bertin*. A. en 1731. M. à Québec, en 1735.
177. Watrin, *Philibert*. A. en août 1732. R. en 1764.
178. Aulneau, *Pierre*. A. en 1732, al. 1730. Tué au lac des Bois, en 1736, 6 juin. (Cat. Rom.) al. 1730.
179. Vitry, *Pierre de*. A. en 1732. M. à la Nouvelle-Orléans, 5 avril 1749.
180. Sénat, *Antonin*. A. en 1734. Tué aux Illinois, en 1736, 26 mars, le jour des Rameaux.
181. La Pierre, *Jean de*. * A. en 1735. R 1752.
182. Morand, *Guillaume-François*. A. en 1735. M. en Louisiane, 1761. (Cat. rom.)
183. Du Jaunay, *Pierre**. A. en 1736. M. en Canada, 17 février 1781.
184. La Morinie, *Jean-B. de*. * A. en 1736. R. 1764.
185. Avond, *Louis*. A. en 1736. R. en 1745.
186. Coquart, *Godefroid*. * A. en 1738. M. au Canada, le 12 juillet 1766. (Cat. Rom.)
187. Germain, *Charles*. A. en 1738. Encore à Québec en 1762.
188. Meurin, *Sébastien-Louis*. * A. en nov. 1741. M. aux Illinois, en 1777.

189. Corthier, *Thomas-Laurent*. A. en 1741. R. avant 1752.
190. Bonnécamp, *Joseph-Pierre de*. A. en 1741. R. avril 1757 (Cat. ann.).
191. Tournois, *Jean-B.* A. en 1741. R. en 1750.
192. Le Fèvre, *Nicolas*. A. en 1743. M. ou R. avant 1764.
193. Le Franc, *Marin-Louis*. * A. 21 juillet 1742. M. à Québec 1776.
194. Potier, *Pierre*. * A. en 1743. M. à Sandwich, le 16 juil. 1781.
195. Salleneuve, *Jean-B. de*. A. en 1743. M. 1764.
196. Canos (vel Canot, *Claude*), *Joseph-Marie*. A. en 1745. M. à Québec, le 23 avril 1751.
197. Glapion, *Auguste-Louis de* (Schol.). * A. en 1744. M. à Québec, le 24 février 1790.
198. Floquet, *Pierre-René*. * A. le 17 août 1744. M. à Québec, le 18 oct. 1782.
199. Servière, *François-Marie de* (Schol.). A. en 1745. R. avant 1752.
200. Cohade, *Guillaume*. A. le 20 sept. 1746. Absent du Catal. de 1756.
201. Gordan, *Antoine*. A. en 1748. M. au Canada, en 1777.
202. Gounon, *Simon*. A. en 1748. Noyé le 13 mai 1764.
203. Dervillé, *Julien* (Schol.). A. en 1749. R. en 1753.
204. Vivier, *Louis*. A. en 1749. M. aux Illinois, 2 oct. 1756.
205. Le Bançais, *Siméon*. A. en 1749. R. nov. 1760.
206. Le Roy, *Maximilien*, A. en 1750. Il va au Mexique en 1763.
207. Macquet, *Alexis*. * (F. coadj.) A. en 1749. Ordonné le 19 sept. 1767. M. à Québec, 2 mars 1775.
208. Saux, *Ives de* (ou *le*). A. en 1749. R. en 1753. M. à Rennes, 25 juillet 1754.
209. Salien, *Yves-Hyacinthe* (Schol.). A. en 1749. R. en 1755.

210. Carette, *Louis*. A. en 1750. Il va à Saint-Domingue en 1763.
211. Virot, *Claude-François*. * A. en 1750. Tué par les Iroquois, en juillet 1759.
212. Moyné, *François (Schol.)*. A. en 1750. R. en 1755.
212 bis. Nau, *Lucas-François*. A. avant 1741. Encore à Québec 1743.
213. Audran, *Pierre*. * A. en 1752. R. en 1760.
214. Noël, *Jean-B. (F. Coadj.)*. A. en 1753. Ordonné le 20 déc. 1766. M. en 1769.
215. Billiard, *Pierre-Robert*. * A. en 1753. M. chez les Iroquois le 26 juin 1757.
216. Le Prédour, *Jean-Jacques*. A. en 1754. R. 1764.
217. Phleugny, *Pierre de (Schol.)*. A. en 1754. R. en 1761.
218. Deverney, *Julien*. A. en 1754. R. 1764.
219. Girault de Villeneuve, *Etienne*. A. en 1754. M. 8 oct. 1794.
220. Aubert, *Jean-B*. A. en 1754. R. 1764.
221. La Brosse, *Jean-B. de*. * A. 24 sept. 1754. M. en avril 1782.
222. Roubaud, *Pierre*. A. en 1755. R. en 1763. M. à Paris.
222 bis. Rivalin, *René (Schol.)*. A. 1755. R. 1761.
223. Fourré, *Julien-Joseph*. A. en 1755. M. en revenant, 19 févr. 1759.
224. Well, *Jean-B*. * A. en 1757. M. à Montréal, 19 juill. 1791.
225. Huguet, *Joseph*. A. en 1757. M. le 6 mai 1783.
226. Neuville, *Jean-B. de*. * A. en 1755. M. à Montréal, 15 janv. 1761.
227. Morlière, *Charles-Alex. (Schol.)*. A. en 1757. R. 1759.
228. Casot, *Jean-Joseph*. *(F. Coadj.)A. en 1757. Ordonné le 20 déc. 1766. M. à Québec, le 16 mars 1800.

CATALOGUE

PAR ORDRE ALPHABÉTIQUE.

Le chiffre qui se trouve à la fin de chaque article est celui du Catalogue par ordre chronologique.

Adam, *Nicolas*.	23
Albanel, *Charles*. Nat. 1613. . . . Prov. Tolos.	52
Allioux, *Jean-Vincent* (Schol.). Nat. Venet. 13 aug. 1698; ingr. 26 oct. 1721.	156
Allouez, *Claude-Jean*. Nat. 1620. . Prov. Tolos.	55
André, *Louis*. Nat. 1623. . . . . Prov. Lugd.	73
Aubert, *Jean-B*. Nat. 1 mart. 1722; ingr. 7 sept. 1739. . . . . Prov. Lugd.	220
Aubéry, *Joseph* (Schol.). Nat. 10 mart. 1674; ingr. 8 sept. 1690.	113
Audran, *Pierre*. Nat. 22 oct. 1721; ingr. 14 nov. 1737. . . . . Prov. Tolos.	213
Aulneau, *Pierre*.	178
Avaugour, *Louis d'* (Schol.). Nat. 1669. Ingr. 1696.	118
Aveneau, *Claude*.	96
Avond, *Louis*.	185
Bailloquet, *Pierre*. Nat. 1616. . . Prov. Aquit.	49
Bardi, *Claude*.	62
Baudouin, *Michel*. Nat. Québec. 27 mart. 1692; ingr. 11 déc. 1713. . . . . . Prov. Aquit.	157
Baurie, *Jean* (dans quelques manuscrits on lit Bovie, Boré).	123

M.

Beaubois, *Nicolas de*. Nat. Aurel. 15 oct. 1689; ingr. 27 oct. 1706. 151
Beaulieu, *Louis de*. . . . . Prov. Lugd. 69
Beschefer, *Thierry*. Nat. 1631. . . Prov. Camp. 61
Biard, *Pierre*. Nat. (Grenoble) 1575 ; ingr. 1590. . 1
Bigot, *Jacques*. Nat. 1644. 92
Bigot, *Vincent*. Nat. 1647. 93
Billiard, *Pierre-Robert*. Nat. 28 janv. 1723; ingr. 11 avril 1743. 215
Bineteau, *Julien*. 108
Blanchet, *Jean*. . . . . Prov. Aquit. 71
Boniface, *François*. 72
Bonnault, *André*. . . . . . . Prov. Aquit. 87
Bonin, *Jacques*. 51
Bonnécamp, *Jos.-Pierre de*. Nat. 5 sept. 1707; ingr. 3 nov. 1727. 190
Boucher, *Jean-B*. . . . . . . Prov. Campan. 83
Bouvart, *Martin*. Nat. 1639 (Chartres). 81
Bradehale, *François*. 114
Brébeuf, *Jean de*. Nat. 25 mart. 1593 ; ingr. 8 nov. 1617. 5
Bressani, *Franç.-Jos*. Nat. 1612. Ingr. 1627. Prov. Rom. 41
Bruyas, *Jacques*. Nat. 1637. . . . Prov. Lugd. 63
Buisson. 141
Bunou, *Jacques-Phil*. (Schol.). ingr. 11 sept. 1686. 106
Buteux, *Jacques*. Nat. (Abbeville) 1598; ingr. 2 oct. 1620. 16
Butler, *Jean-Guill*. (Schol.). Nat. (Besançon) 10 nov. 1703 ; ingr. 31 janv. 1722. 168
Canos, *Claude-Jos.-Marie*. Nat. 21 apr. 1710; ingr. 5 oct. 1727. . . . . Prov. Lugd. 196

Carette, *Louis*. Nat. 15 juill. 1712; ingr. 30 sept. 1731. . . . . Prov. Gallo-Belg.	210
Carheil, *Étienne de*. Nat. Venet. 20 nov. 1633; ingr. 30 aug. 1652.	65
Casot, *Jean-Jos. (F. Coadj.)*. Nat. 4 oct. 1728; ingr. 16 déc. 1752; sacerd. 20 dec. 1766.	228
Chabanel, Noël. Nat. 1613; ingr. 1630. Prov. Tolos.	42
Chardon, *Jean-B*. Nat. Burdig. 27 apr. 1672; ingr. 7 sept. 1687. . . . . Prov. Aquit.	120
Charlevoix, *Pierre-Fr.-Xav. de (Schol.)*. Nat. Saint-Quentin, 29 oct. 1682; ingr. 15 sept. 1698. . .	127
Chastellain, *Pierre*. Nat. 1604; ingr. 3 sept. 1624.	24
Chauchetière, *Claude*. Nat. 1649. . Prov. Aquit.	90
Chaumonot, *Pierre Joseph-Marie*. Nat. 1611; ingr. 18 mai 1632. . . . . Prov. Rom.	36
Chicard, *François*. . . . . Prov. Tolos.	97
Cholenec, *Pierre*. Nat. 29 jul. 1640; ingr. 9 oct. 1659.	85
Cohade, *Guillaume*. Nat. 27 oct. 1713; ingr. 30 sept. 1729. . . . . Prov. Tolos.	200
Coquart, *Godefroid*. Nat. 2 febr. 1706; ing. 14 maii 1726. . . . , ...	186
Corthier,*Thom.-Laur*.Nat. Maclovii 1 jan. 1708; ingr. 19 sept. 1726.	189
Courcy, *Charles-Ant. de (Schol.)*. Ingr. 29 sept. 1720.	158
Couvert, *Mich.-Germ. de*. Nat. 1651; ingr. 1672. .	105
Crépieul, *François de*. . . . . . Prov. Gall. Belg.	76
Dablon, *Claude*. Nat. 1618; ingr. 27 aug. 1639. .	54
Dalmas, *Antoine*. Turonensis; Nat. 1636; ingr. 1652.	77
Daniel, *Antoine*. Nat. (Dieppe) 1598, ingr. 1 oct. 1621 (1).	13
Danielou, *Jean-Pierre (Schol.)*.	144

Daran, *Adrien*. Nat. 1615; ingr. 7 sept. 1635. . . 46
Davost, *Ambroise*. 13
Defrétat, *Amable*. Nat 1613; ingr. 24 aug. 1632. . 48
Degonnor, *Nicolas*. Nat. 19 nov. 1671; ingress. 11 sept. 1710. . . . . Prov. Aquit. 162
Delaplace, *Jacques*. 29
Dequen, *Jean*. Nat. 1600; ingress. 13 sept. 1620. 24
Dervillé, *Julien-Franç.* (*Schol.*) Nat. 29 dec. 1725; ingr. 3 sept. 1744. 203
Deslandes, *Joseph*. 163
Deverney, *Julien* (ou De Verney). Nat. 19 dec. 1719; ingr. 17 oct. (al. 17 sept. 1738). 218
Deville, *Jean-Marie*. Nat. 1672; ingr. 1693. . . 130
Dolebeau, *Jean*. Nat. 1604; ingr. 26 oct. 1628. . . 40
Dongé, *Pierre*. 125
Doutreleau (ou Outreleau *d'*), *Etienne*. Nat. 11 oct. 1693; ingr. 27 jul. 1715. . . Prov. Campan. 172
Druilletes, *Gabriel* (et Druillettes). . Prov. Tolos. 45
Du Dezert, *Charles*. 160
Dumans, *Léonard-Martin*. 139
Dumarché, *Charles*. Nat. 1602; ingr. 11 sept. 1621. 17
Dumas, *Jean*. Nat. 10 sept. 1696; ingr. 11 sept. 1711. . . . . Prov. Lugd. 171
Du Jaunay, *Pierre*. Nat. Venet. 11 aug. 1704; ingr. 2 sept. 1723. 183
Du Parc, *Jean-B*. Nat. 28 jun. 1676; ingr. 28 sept. 1695. 129
Duperet, *Jacques* (*Schol.*). Nat. 20 jul. 1675; ingr. 8 sept. 1695. 122
Duperon, *François*. 35
Duperon, *Jos.-Imbert*. 38
Du Poisson, *Paul*. . ingr. en 1712. Prov. Camp. 165

Dupuy, *Gaspard*.	99
Du Puys, *Claude* (Schol.). Nat. Rhotom. 12 dec. 1683; ingr. 3 sept. 1702.	128
Du Rue, *Paul*.	121
Elye, *Jean-Franç.* (Schol.).	64
Enjalran, *Jean*. Nat. 1636. . . . Prov. Tolos.	88
Eudemare, *Georges d'*.	28
Favre, *Bonaventure*. Nat. 1656; ingr. 1672. . . . . Prov. Camp.	102
Floquet, *Pierre-René*. Nat. 12 sept. 1716; ingr. 6 aug. 1735.	198
Fontenoy, *François*. . . . . . . Prov. Lugd.	193
Fourré, *Julien-Joseph*. Nat. 6 jan. 1703; ingr. 26 nov. 1721.	223
Fremin, *Jacques*. Nat. 1607; ingr. 11 sept. 1625. .	53
Garnier, *Charles*. Nat. Parisiis 1605; ingr. 5 sept. 1624.	25
Garnier, *Julien* (Schol.). Nat. 6 jan. 1643; ingr. 26 sept. 1660.	58
Garreau, *Léonard*. Nat. 11 oct. 1609; ingr. 27 sept. 1628. . . . . Prov. Rom.	44
Gassot, *Henri-Joseph*.	94
Gérard, *Louis-Bertrand*. Nat. mart. 1672; ingr. 3 oct. 1692.	142
Germain, *Charles*. Nat. 1 maii 1707; ingr. 4 sept. 1728. . . . . Prov. Gallo-Belg.	187
Germain, *Joseph* (al. Louis). . . . Prov. Tolos.	101
Girault de Villeneuve. *Étienne*. Nat. 18 dec. 1718; ingr. 2 nov. 1738.	192
Glapion, *Louis-Aug. de* (Schol). Nat. 8 jul. 1719; ingress. 10 oct. 1735.	197
Gondoin, *Nicolas*. Nat. 1601; ingr. 23 sept. 1624. .	30

Gordan, *Antoine*. Nat. 20 mart. 1717; ingr. 7 sept. 1736. . . . . Prov. Lugd. 201

Gounon, *Simon-Pierre*. Nat. 20 april. 1719; ingr. 3 dec. 1743. 202

Gravier, *Jacques*. 95

Grelon, *Adrien*. Nat. (Périgueux) 1618; ingr. 6 nov. 1636. . . . . Prov. Aquit. 50

Guesnier, *Franç.-Bertin*. 176

Guignas, *Michel*. Nat. 22 jan. 1681; ingr. 9 dec. 1702. 148

Guyenne, *Alexis-Xav. de*. Nat. 26 dec. 1696; ingr. 24 sept. 1713. 169

Guymonneau, *Jean-Charles*. Nat. 14 mart. 1684; ingr. 3 oct. 1704. 143

Gayon, *Louis (Schol)*. 173

Kereben, *Jes.-Franç. de (Schol.)*. Nat. 29 dec. 1683; ingr. 27 aug. 1703. 147

Heu, *Jacques d'*. Nat. 27 jan. 1672; ingr. 7 sept. 1690. . . . . Prov. Lugd. 134

Huguet, *Joseph*. Nat. 26 maii 1725; ingr. 30 sept. 1745. . . . . Prov. Gallo-Belg. 225

Incarville, *Pierre d' (Schol.)*. Nat. 20 oct. 1706; ingr. 7 sept. 1727. 174

Jogues, *Isaac*. Nat. 10 jan. 1607; ingr. 24 oct. 1624. 27

La Bretonnière, *Jacques-Quentin de*. Nat. Meaux, 5 maii 1689, ingr. 20 sept. 1710. 154

La Brosse, *Jean-B. de*. Nat. 30 dec. 1724; ingr. 9 sept. 1740. . . . . Prov. Aquit. 221

La Chasse, *Pierre-Jos. de*. Nat. 7 mart. 1669; ingr. 1 oct. 1687. 124

Lafitau, *Joseph-Franç*. . . . . . Prov. Aquit. 138

La Germandière, *Rodolphe de*. 161

Lagrené, *Pierre de*. Nat. Parisiis, 28 oct. 1659; ingr. 2 oct. 1677.	111
Lalemant, *Charles*. Nat. 17 nov. 1587. ingr. 29 jul. 1607.	4
Lalemant, *Gabriel*. Nat. Parisiis, 30 oct. 1610; ingr. 24 mart. 1630.	47
Lalemant, *Jérôme*. Nat. 1593; ingr. 2 oct. 1609. .	22
Lamberville, *Jacques de*. Nat. 1644.	84
Lamberville, *Jean de*. Nat. 1636.	74
La Marche, *Jean-Franç. de. (Schol.)*. Nat. Quimper, 25 oct. 1700; ingr. 24 sept. 1714.	153
La Morinie, *Jean-B. de*. Nat. 24 dec. 1704 ; ingr. 6 oct. 1725. . . . . Prov. Aquit.	184
La Pierre, *Jean de*. Nat. 18 feb. 1704 ; ingr. 17 sept. 1724.	181
La Richardie, *Armand de*. Nat. 7 junii 1686; ingr. 21 oct. 1703. . . . . Prov. Aquit.	164
La Tour, *Urbain de (Schol.)*.	126
Laure, *Pierre (Schol.)*. Nat. Aureliis 17 sept. 1688 ; ingr. 29 oct. 1707.	136
Lauverjeat, *Étienne*. Nat. 25 jan. 1679 ; ingr. 3 nov. 1700.	135
Lauzon, *Pierre de*. Nat. Pictavii, 26 sept. 1687; ingr. 24 nov. 1702. . . . . Prov. Aquit.	150
Le Bançais, *Siméon*. Nat. 26 apr. 1719, ingr. 29 aug. 1749. . . . . Prov. Campan.	205
Le Blanc, *Augustin*.	115
Le Boulanger, *Jean*. Nat. 22 jul. 1685; ingr. 1700.	145
Le Brun, *François*.	131
Le Fèvre, *Nicolas*. Nat. 15 aug. 1705 ; ingr. 29 sept. 1733. . . . . Prov. Gallo-Belg.	192
Le Franc, *Marin-Louis*. Nat. 12 junii 1726 ; ingr. 31 maii 1742.	193

Le Jeune, *Paul*. Nat. 1592; ingr. 1613.	11
Le Mercier, *François*. . . . ingr. 14 oct. 1623.	20
Le Moyne, *Simon*. Nat. 1604. ingr. . . 1623.	34
Le Prédour, *Jean-Jacques*. Nat. 22 apr. 1722; ingr. 16 oct. 1739.	216
Le Petit, *Mathurin*.	166
Le Roy, *Maximilien*. Nat. 18 apr. 1716; ingr. 14 dec. 1733. . . . . Prov. Gallo-Belg.	206
Le Sueur, *Jacques*. Nat. 2 jul. 1685; ingr. 7 sept. 1705.	146
Limoges, *Joseph de*. . . . ingr. 24 sept. 1686.	117
Loyard, *Guill*.	146 bis.
Loyard, *Jean-B*. Nat. 18 oct. 1678; ingr. 30 aug. 1693. . . . . Prov. Aquit.	137
Lyonne, *Martin de*. . . . . . . Prov. Rom.	43
Mallemain, *Pierre de (Schol.)*. Nat. 27 dec. 1677; ingr. 4 sept. 1697.	119
Macquet, *Alexis (F. Coadj.)*. Nat. 25 maii 1710; ingr. 9 dec. 1732; Sacerd. 11 sept. 1767. . . .	267
Marcol, *Gabriel*. Nat. 12 apr. 1692; ingr. 14 sept. 1708. . . . . Prov. Camp.	159
Marest, *Jos-Jacq*. Nat. 18 mart. 1658; ingr. 25 sept. 1672.	98
Marest, *Pierre-Gabriel*.	109
Mareuil, *Pierre de*.	132
Marquette, *Jacques*. . . . . . . Prov. Camp.	66
Masse, *Enemond*. Nat. Lugduni, 1574; ingr. 1594.	2
Mathieu, *Guillaume*.	75
Maurice, *Jean-B. (Schol.)*. Nat. 10 mart. 1707; ingr. 6 nov. 1729.	175
Ménard, *René*. Nat. Parisiis, 1604.	39
Mermet, *Jean*.	116

Mesaiger, *Charles*. . Nat. 7 mart. 1690; ingr. 1706.	155
Meurin, *Sébastien-Louis*. Nat. 26 dec. 1707; ingr. 26 sept. 1726. . . . . Prov. Camp.	188
Millet, *Pierre*. Nat. 1631.	68
Morain, *Jean* (*Schol.*). Nat. 1639; ingr. 1667. . . . . Prov. Camp.	86
Morand, *Guill.-Franç.* Nat. 25 aug. 1701; ingr. 14 mart. 1720. . . . . Prov. Lugd.	182
Morlière, *Charles* (*Schol.*). Nat. 29 junii 1733; ingr. 11 sept. 1751. . . . . . . Prov. Camp.	227
Moyné, *François* (*Schol.*). Nat. 7 oct. 1729; ingr. 2 oct. 1749.	212
Nau, *Lucas-François*.	»
Neuville, *Jean-B. de*. Nat. 6 maii 1722; ingr. 6 sept. 1744.	226
Nicolas, *Louis*, ingr. 16 sept. 1654. . Prov. Tolos.	60
Noël, *Jean-B.* (*F. Coadj.*). Nat. 31 dec. 1728; ingr. 7 sept. 1752. sacerd. 20 dec. 1766.	214
Noirot, *Philibert*. Nat. 1582; ingr. 1617.	7
Nouë, *Anne de*. Nat. 1579; ingr. 28 sept. 1612. .	6
Nouvel, *Henri*. Nat. 1621. . . . Prov. Tolos.	56
Pearon, *Jean* (*Schol.*). . . ingr. 11 sept. 1686.	107
Perrault, *Julien*.	14
Phleugny, *Pierre de* (*Schol.*). Nat. 2 mart. 1733; ingr. 12 oct. 1749.	217
Pierron, *Jean*. . . . . Prov. Camp.	67
Pierson, *Philippe* (*Schol.*). Nat. 1622. . . . . Prov. Gallo-Belg.	70
Pijart, *Claude*. Nat. 1601; ingr. 7 aug. . 1621. .	31
Pijart, *Pierre*. Nat. 1608; ingr. 16 sept. 1629. . .	19
Pinet, *Pierre*. . . . . Prov. Aquit.	110

Poncet, *Jos.-Ant.* Nat. 1610; ingr. 1630. . . . .
. . . . Prov. Rom. 37
Poncet, *Jos.-Ant.* . . . . 119 bis.
Potier, *Nicolas.* Nat. 1643. 91
Potier, *Pierre.* Nat. 2 apr. 1708; ingr. 28 sept. 1729.
. . . . Prov. Gallo-Belg. 194
Quentin, *Claude.* 18
Quentin, *Jacobus.* . . . , ... 3
Raffeix, *Pierre.* Nat. (Clermont) 15 jan. 1635; ingr. 23 mart. 1653. . . . . . . Prov. Tolos. 59
Ragueneau, *François.* Ingr. 17 apr. 1613. . . . 8
Ragueneau, *Paul.* Nat. 1607 ; ingr. 21 aug. 1626. 26
Rale, *Sébastien.* Nat. 4 jan. 1657 ; ingr. 25 sept. 1674. . . . . Prov. Lugd. 104
Raymbaut, *Charles.* Nat. 1601; ingr. 24 aug. 1621. 32
Richard, *André.* Nat. 1600; ingr. 25 sept. 1621. . 15
Richer, *Pierre-Daniel.* Nat. 11 aug. 1682; ingr. 29 aug. 1700. 140
Rivalin, *René.* Nat. 22 maii 1733; ingr. 4 oct. 1750. 223
Robaud, *Jacques.* 79
Roubaud, *Pierre-Ant.* Nat. 28 maii 1724; ingr. 7 sept. 1739. . . . . Prov. Lugd. 222
Ruël, *Philippe-Jacq.* (*Schol.*). Nat. 8 nov. 1673; ingr. 29 sept. 1691. 112
Saint-Pé, *Jean de.* Nat. 10 oct. 1686; ingr. 13 oct. 1703. . . . . Prov. Aquit. 152
Salien, *Yves-Hyacinthe* (*Schol.*). Nat. 28 mart. 1724; ingr. 24 sept. 1744. 209
Salleneuve, *Jean-B. de.* Nat. 14 jun. 1708; ingr. 22 sept. 1727. 195
Saux, *Yves de* (ou *le*). Nat. 2 mart. 1718; ingr. 1 jan. 1738. 208

Sénat, *Antoine*.	Prov. Tolos.	180
Servière, *Franç.-Marie de (Schol.)*.		199
Silvy, *Antoine*.	Prov. Lugd.	80
Simon, *Charles*.		57
Souël, *Jean*.	Prov. Camp.	167
Syresme, *Jacq. de (Schol.)*. Nat. 22 oct. 1695; ingr. 15 sept. 1712.		149
Tartarin, *René*. Nat. 22 jan. 1695; ingr. 20 aug. 1712.		170
Thouvenot, *Claude*.	Prov. Camp.	89
Tournois, *Jean-B*.		191
Turgis, *Charles*. Nat. 1607; ingr. 16 oct. 1627. .		22
Vaillant de Gueslis, *Franç. (Schol.)*. Nat. 1649. .		78
Vaultier, *Jacques*.		82
Vieuxpont, *Alexandre de*. Nat. 1598; ingr. 12 sept. 1620.		9
Viguier, *Jean*.	Prov. Tolos.	100
Villette, *Louis de (Schol.)*.		133
Vimont, *Barthél*.	ingr. 15 nov. 1613.	10
Virot, *Claude*. Nat. 16 febr. 1721; ingr. 10 oct. 1738.	Prov. Tolos.	2e1
Vitry, *Pierre de*. Nat. 2 maii 1700; ingr. 18 oct. 1719.	Prov. Camp.	179
Vivier, *Louis*. Nat. 7 oct. 1714; ingr. 11 sept. 1731.		204
Watrin, *Philibert*. Nat. 1 apr. 1693; ingr. 6 nov. 1712.	Prov. Camp.	177
Well, *Jean-B*. Nat. 2 sept. 1724; ingr. 29 sept. 1744.	Prov. Gallo-Belg.	224

CATALOGUE ALPHABÉTIQUE
DES
FRÈRES COADJUTEURS S. J.
EN CANADA.

Azou, *François*. Au cap. Breton en 1640. R. ou M. 1641.

Bac, *Martin de*. A. novice 1751. Nat. 11 dec. 1731; ingr. 7 mart. 1755.

Beruys, *Jean*. A. 1674. R. ou M. avant 1679.

Boismillon, *Charles de*. M. à Québec. 11 sept. 1640. (Cat. rom.)

Boispineau, *Jean*. A. 1613. Nat. 11 sept. 1689; ingr. 3 aug. 1711. R. ou M. avant 1727.

Boispineau, *Charles*. A. avant 1723. Nat. 17 apr. 1700; ingr. 19 sept. 1719. Pharmac.-Coq. M. à Québec, 30 jan. 1760. Prov. Aquit.

Bonnemer, *Florent*. A. 14 aug. 1647. Nat. 1600 M. 16 août 1683. Pharmac.

Boursier, *Joseph*. A. 1654. Nat. 1625. R. ou M. après 1688. Empt. Pist.

Boussat, *Jean*. A. 1686. M. à Québec, avril 1711. Pharm.

Broart, *Ambr*. A. 1641. R. ou M. après 4675. Hort. Ædit. Coq.

Cauvet, *Ambr*. A. 1636. R. 18 sept. 1657. Fab. lign.

Chambon, *Michel*. A. après 1723. M. à Québec 1744.

Columeau, *Antoine*. A. avant 1723. Nat. 12 aug. 1688; ingr. 23 mart. 1714. Sart. Empt.

Crucy, *Philippe*. A. avant 1727. M. à la Louisiane, 30 nov. 1729.

Delvaque, *Jean-B*. A. avant 1723. Nat. 21 sept. 1688; ingr. 15 aug. 1709. M. à Québec, 7 février 1753.

Demers, *Pierre*. A. 1746. Nat. 12 jan. 1722 ; ingr. 14 jul. 1748. R. ou M. après 1761.

Denet, *Georges*. A. avant 1746. M. à Québ. 17 sept. 1751. Sut.

Dohen, *Charles*. A. avant 1746. Nat. 25 mart. 1701 ; ingr. 5 sept. 1733. R. ou M. après 1761.

Duval, *Pierre*. A. avant 1723. Nat. 22 dec. 1694 ; ingr. 10 oct. 1714. R. après 1727. Coq. hort.

Dumont, *Claude* (Novic.). 1671. R. ou M. après 1678. Sart. Ædit. excit.

Duthet, *Gilbert*. A. 1610. Tué par les Anglais en 1613.

Faute, *Pierre*. A. avant 1735. R. 15 oct. 1657. M. à la Flèche, 30 sept. 1661. Arcul. fab. fer.

Fréville, *Jean*. A. 28 sept. 1649. Nat. 1606. M. à Québec, 8 dec. 1701. Prov. Aquit.

Ferchaud, *Jacq*. A. avant 1746. Nat. 21 febr. 1691 ; ingr. 29 jan. 1726. M. à Québec, 14 febr. 1758. Coq. hort.

Fortin, *Guill*. A. 1708. R. ou M. après 1709.

Foyart, *François*. A. 1675. R. ou M. avant 1681.

Fraillon, *Nicolas*. A. avant 1681. R. ou M. avant 1687. Nat. 1651.

Gaubert, *Louis*. A. 1636. M. à Québec, 20 jul. 1670. Fab. fer.

Goupil, *René*. Nov. A. 140. Tué par les Iroq. 26 sept. 1642. Chir.

Gournay, *Pierre*. A. avant 1752. Nat. (Montreuil). 1 jul. 1700 ; ingr. 29 sept. 1741. R. ou M. après 1761.

Guibert, *François*. A. 1698. Nat. 1670 ; ingr. 10 jan. 1693. M. à Québec, 5 mai 1528. Coq. fab. fer.

Huren, *Louis*. A. 1699. Nat. 1671 ; ingr. 1692. M. à Québec, 1745. Fab. fer.

Huet, *Vast*. M. à Québec, 19 août 1733.

Jager, *Claud.* A. 1639. R. 21 sept. 1650. M. à la Flèche, 17 oct. 1676. Sart.

Jetrau, *Guill.* A. 1673. R. ou M. après 1682. Prov. Ap. Coq.

Juchereau, *Noël.* A. 1668. Noyé le 3 nov. 1672.

Lanion, *Michel.* A. avant 1681. Nat. 1642. R. ou M. avant 1687.

Lauzier, *Guill.* A. 1660. M. à Québec, 10 avril 1670. Janit.

Leblond, *Sébast.* A. 1686. M. à Québec, 6 dec. 1717. Vill. cur.

Lelovesme, *Louis.* A. 22 dec. 1663. Nat. 1632. M. 1709. Prov. Aquit. Fab. fer.

Le Clerc, *Nicolas.* A. avant 1723. Nat. 23 jul. 1677 ; ingr. 13 dec. 1697. R ou M. après 1746.

Le Faulconier, *Nicolas.* A. 20 jun. 1647. R. 6 sept. 1656.

Letellier, *Pierre.* A. 1716. Nat. 15 maii 1685 ; ingr. 27 nov. 1707. M. à Québec, 20 dec. 1759. Coq. doc. leg.

Liegeois, *Jean.* A. 1636. Nat. 1589 ; ingress. 1629. Tué par les Iroquois le 29 maii 1555. Præs. oper.

Lource, *Antoine.* A. avant 1746. Nat. 4 sept. 1692 ; ingr. 16 jan. 1706. M. à Québec, le 8 mai 1751. Sart. Ædit.

Lucas, *Benoît.* A. 1702. M. 18 sept. 1711. Sut. Coq.

Magendie, *Charl.* A. avant 1746. Nat. 30 oct. 1707 ; ingr. 23 oct. 1730. R. ou M. après 1758. Prov. Aquit.

Maigneret, *Pierre.* A. 25 sept. 1667. Nat. 1642. M. à Québ. oct. 1722.

Maillard, *Simon.* A. avant 1746. Nat. 29 nov. 1705 ; ingr. 18 dec. 1722. R. ou M. avant 1762.

Malherbe, *François.* A. 1658. Nat. 1631. M. 19 avril 1696.

Malot, *Louis.* A. 1629. Noyé avec le P. Noyrot. 1629.

Marc, *Jean.* A. avant 1705. M. à Québec, 1746. 9 janv. Pist. doc. leg.

Masson, *Pierre*. A. 1646. Nat. 1609. M. 18 oct. 1695. Sart. Ædit. hort.

Mazier, *Ægidius*. A. 1673. Nat. 1641. M. à Québec, le 10 avril 1712. Fab. fer.

Noirclair, *Nicolas*. A. avant 1647. Nat. 1599; ingr. 24 dec. 1625. R. 21 sept. 1650.

Parizel, *Jean-Fr.* A. avant 1727. Nat. 28 oct. 1699 ; ingr. 15 jan. 1722. M. à la Nouvelle-Orléans, 12 mars 1758. Pharmac.

Pernelle, *Julien*. A. 1754. Nat. 19 nov. 1721; ingr. 11 maii 1751. R. ou M. après 1761.

Pierrart, *Germain*. A. avant 1700. R. ou M. avant 1705. Coq. hort. doc. leg.

Racine, *Etienne*. A. avant 1752. Nat. 1 jun. 1712 ; ingr. 12 mart. 1742. R. ou M. après 1761.

Ratel, *Jac.* A. 1636. M. 1649. Fab. lig.

Renaud, *Michel*. A. avant 1723. R. ou M. avant 1746.

Renete, *Jean-Bapt.* A. 1755. R. ou M. 1757.

Robe, *Antoine*. A. 1700. R. 1705. Sutor.

Tellier (al. *Le Tellier*), *Pierre*. A. 1635. R. ou M. avant 1645. Fab. lig.

Sandron, *J.-B.* A. 1686. M. à Québec, 30 oct. 1691. Coq.

Scot, *Dominique*. A. 1641. R. 24 oct. 1645. Sart.

Vacelet, *P.* A. avant 1700. R. ou M. avant 1709. Vill. cur.

Valentin, *Pierre*. A. 1679. Nat. 1651. M. à Québ. 28 april. 1712. Ædit. sut.

Vitry, *Joa.* A. 1673. Nat. 1651. R. ou M. avant 1681. Prov. Aquit. Thorm.

Nota. — Au moment de la suppression de la Compagnie de Jésus, il y avait très-peu de Frères coadjuteurs au Canada. Ils furent sécularisés et quelques-uns restèrent dans le pays.

POITIERS. — TYPOGRAPHIE DE HENRI OUDIN.

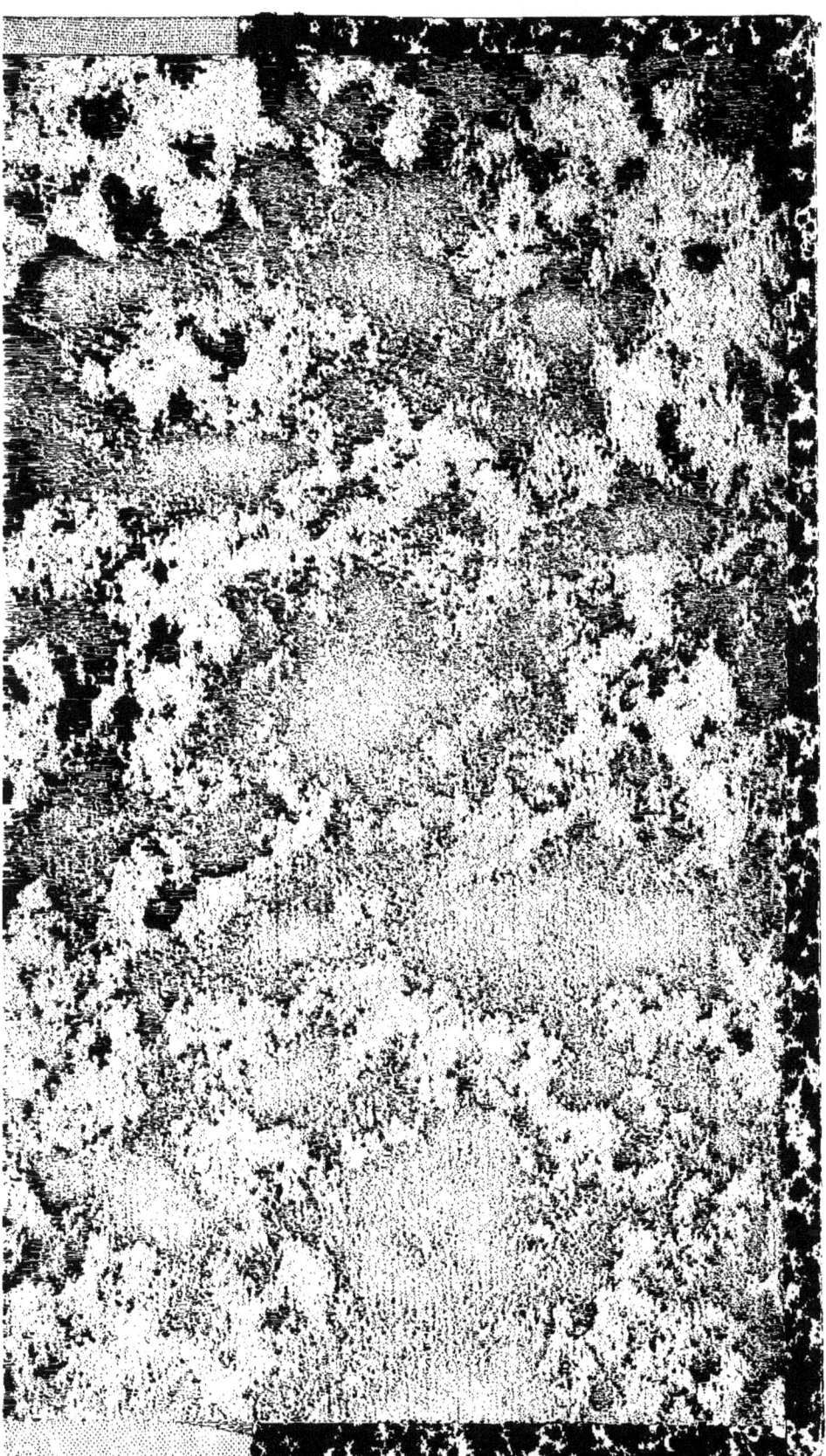

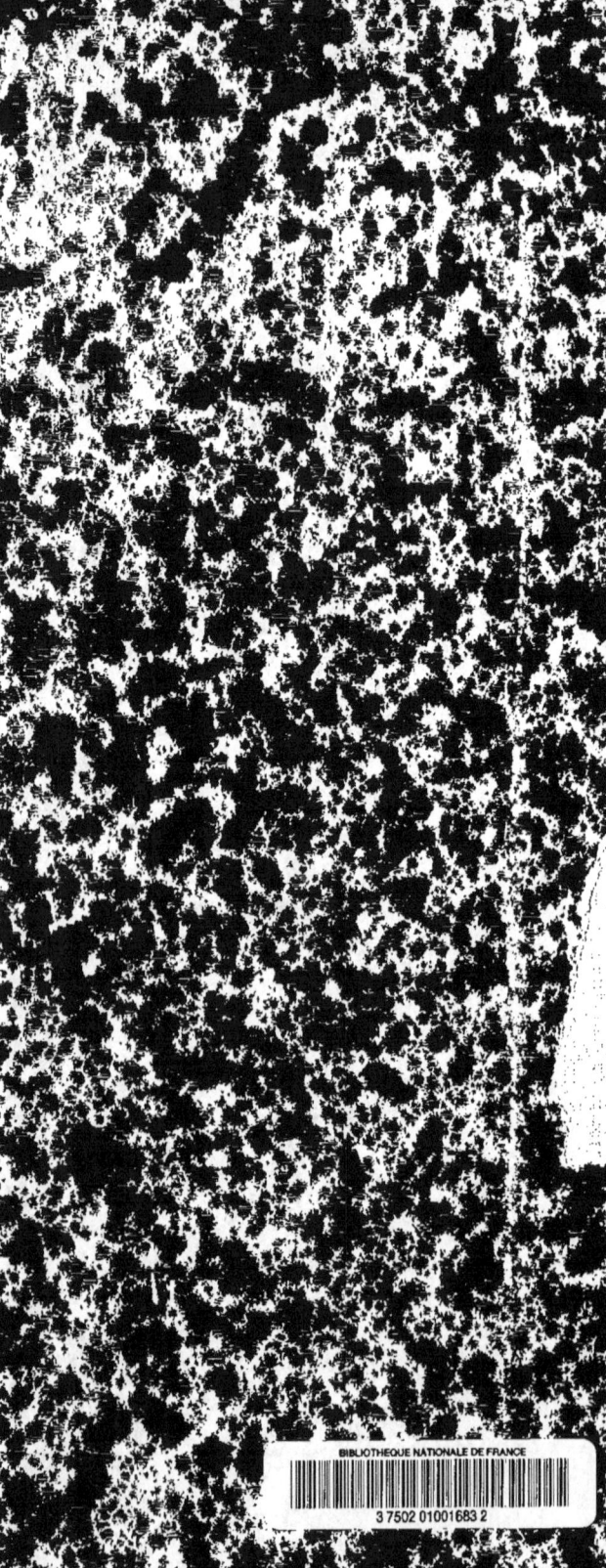

www.ingramcontent.com/pod-product-compliance
Lightning Source LLC
Chambersburg PA
CBHW050332170426
43200CB00009BA/1568